Lo que hace que el *Ayuno de 40 Días De Rendición* sea único es que no requiere abstención de alimentos. En vez de eso, fui dirigida a rendir cualquier cosa que se interpone en mi relación con Dios. Para mí, esto era mi mente. Me había acostumbrado a entretener a los pensamientos negativos que estaban en contra de la forma en que Dios me ve. Aunque el proceso de rendición fue difícil, las devociones diarias y el estímulo de otros me permitieron renovar mi mente. Hasta este día me refiero al ayuno de rendición cuando necesito ser recordada que todo lo puedo en Cristo.

—Vanessa S.

¡Éste es el ayuno más loco, más recompénsate que he hecho! Pensé que yo simplemente rendiría mi batido favorito, pero al final del ayuno aprendí que yo había rendido mi voluntad. Por la gracia de Dios, he muerto a mí misma y me levanté de las mazmorras de la auto-humillación y la autosuficiencia. Ahora, en lugar de "sentarme" en la fe, me reclino en la fe con los pies totalmente fuera de la tierra. Porque me rendí, Dios es ahora la fuente de todas mis expectativas.

—Leslie D.

*El Ayuno de 40 Días de Rendición* transformó mi vida. Mientras ayunaba, una de mi larga petición de oración fue contestada – Comencé a enseñar como profesora asociada en una universidad local! También durante aquel tiempo fui bendecida al adaptar el modelo de *El ayuno de 40 días de Rendición* con más de 300 voluntarios en un ministerio de la cárcel. Juntos hicimos una "mini" rendición de 8 días de ayuno con la esperanza de que Dios levantaría el ministerio. Día a día, nosotros vimos como el ministerio de la cárcel estaba siendo transformado y vidas siendo bendecidas. Por estos y muchos otros motivos, estoy tan agradecida por este ayuno. Por causa de este tengo una visión más clara y la determinación más fuerte de realizar el plan perfecto de Dios.

—Sylvia H.

Yo estaba intrigada por la idea del *Ayuno de 40 Días De Rendición,* pero insegura por qué o si yo lo debería de hacer. Entonces busqué al Señor y Él me dirigió a rendir mi corazón. He tenido mi parte con problemas del corazón—un ataque cardíaco en 1993 y una cirugía para reconstruir vaso (s) sanguíneos en el 2001. Por consiguiente hice cambios significativos en mi estilo de vida, pero Dios quiso más. ¡" *Estás trabajando para obtener un corazón 'físico' sano pero Yo quiero tu CORAZÓN.*" Entonces supe por qué *El Ayuno de 40 Días De Rendición* era necesario. Durante el transcurso del ayuno el Señor ministró lo que Él quiere y sus deseos. Por lo tanto, le estoy permitiendo que Su plan perfecto se revele en mi vida.

—Wanda J.

¡Estoy asombrada con lo que Dios hizo en 40 días! Cuando ayunaba de la televisión, algo especial pasó. Hace cuatro años comencé a tomar un medicamento para el sueño y rápidamente me hice adicta. Durante el ayuno pasé más tiempo con Dios, Él se convirtió en mi paz, y comencé a dormirme sin la medicina. En el último día del *Ayuno de 40 Días de Rendición* bote todas las píldoras en la taza del baño. Estoy completamente liberada porque rendí mi voluntad a la de Él.

—Kimberly A.

# Ayuno de 40 días

# De

# Rendición

Una Guía para Liberar Su Plan,

Renovar Su Mente, y Restaurar Su Vida

Celeste Owens, Ph.D

Ayuno de 40 Días de Rendición
©2014 by Celeste Owens
Este libro está también disponible como un ebook. Visite www.surrenderfast.com

Todos los derechos reservados. Ninguna parte de esta publicación puede ser reproducida, ser almacenada en un sistema de búsqueda automática o ser transmitido en cualquier forma o cualquier medio—electrónico, mecánico, fotocopia, grabado, o algún otro—excepto por pequeñas cotizaciones en revisiones de impresas, sin permiso previo del editor.

Solicitud de información debe ser dirigida a:
Good Success Publishing, P.O. Box 5072, Upper Marlboro, MD 20775

ISBN: 978-0-9837895-4-3 (cubierta-suave)

Library of Congress Control Number: 2011933636

This book is printed on acid-free paper. All scripture quotations, unless otherwise indicated, are taken from the New King James Version®. Copyright © 1982 by Thomas Nelson, Inc. Used by permission. All rights reserved.

*Cover design: Pixel Ink Studios*
*Interior design: Compass Rose Horizons*
*Translated by: Manuela Green*
*Printed in the United States of America*

*Este libro es dedicado a 100+bitácora digital (bloggers) que se atrevieron a rendirse.*

# Contenido

Reconocimientos ............................................................ xi
Introducción ................................................................ xiii
Preparación antes del Ayuno
    Deje que Dios Haga algo nuevo ........................ 1
    ¿Qué es un ayuno de rendición? ....................... 7
    Esfuérzate y sé valiente ..................................... 13
    ¿Por qué 40 días? ............................................. 19
    Es Complicado ................................................... 25

Día 1 — Espere lo Inesperado ............................... 31
Día 2 — Tiempo, Esfuerzo, Recompensa ............... 37
Día 3 — Re-edifica y Renueva ................................ 41
Día 4 — Al Otro Lado ............................................. 47
Día 5 — Se Cumplirá .............................................. 53
Día 6 — Tiempo personal con Dios ........................ 57
Día 7 — Tiempo personal con Dios ........................ 59
Día 8 — Establece Tu Fe ........................................ 61
Día 9 — Ore por Sus Enemigos .............................. 67
Día 10 — Renovación es Necesaria ........................ 73
Día 11 — Peculiar Soy yo ....................................... 79

Día 12 — Amigo de Dios ............................................................. 85
Día 13 — Tiempo personal con Dios ......................... 91
Día 14 — Tiempo personal con Dios ......................... 93
Día 15 — ¡Yo Declaro Guerra! ................................. 95
Día 16 — Sobre humano ........................................... 63
Día 17 — El Dios en Mí ............................................ 109
Día 18 — Las Llaves para Buenas Relaciones ......... 115
Día 19 — Todavía Me rindo ..................................... 121
Día 20 — Tiempo personal con Dios ....................... 127
Día 21 — Tiempo personal con Dios ....................... 129
Día 22 — Reviva sus Sueños .................................... 131
Día 23 — Su Gran Logro está por llegar ................. 137
Día 24 — Oración Contestada .................................. 143
Día 25 — El Muerto Vivirá ....................................... 149
Día 26 — Lo Que es Para Mí es Para mí ................ 155
Día 27 — Tiempo personal con Dios ....................... 161
Día 28 — Tiempo personal con Dios ....................... 163
Día 29 — El Dios de lo Imposible ........................... 165
Día 30 — Se Necesita Poco Tiempo ........................ 171
Día 31 — Gracia y Gloria ........................................ 177
Día 32 — Actué Como que Usted está a punto de Moverse ..................................................................... 185
Día 33 — La Promesa ............................................... 191

Día 34 — Tiempo personal con Dios ..........................197
Día 35 — Tiempo personal con Dios ..........................199
Día 36 — No Más Apoyos .............................................201
Día 37 — Rechace el Rechazo ......................................207
Día 38 — Humildad Como La de un Niño ................213
Día 39 — Espera en el Señor .......................................219
Día 40 — Dios Ha Hecho Algo Nuevo .......................225

Conclusión .......................................................................227
Sobre la Autora ..............................................................229
Biografía de Manuela Green ........................................231

# Reconocimientos

*A Dios*: Gracias por permitirme estar en este viaje tan asombroso contigo. Sé que lo mejor aún está por venir.

*A Andel:* Gracias por su amor, paciencia, y apoyo inagotable. Cuando Dios te creó, Él sabía lo que yo necesitaba y estoy muy agradecida.

*A Andel Junior y Aaliyah*: Qué creaciones tan asombrosas son ustedes. Oro para que ustedes vivan totalmente rendidos a Dios y realicen el llamado que Él tiene para sus vidas.

*A Donald y Malinda Chisholm*: Ustedes son los mejores padres que una niña pueda tener. Gracias por vivir una vida de integridad y demostrar una fe firme en medio de los desafíos. Su amor y apoyo a lo largo de los años me han hecho quién soy hoy.

*A mi familia de la iglesia (Primera Iglesia Bautista de Glenarden)*: Qué bendición usted todos han sido para mí. Un especial agradecimiento al *Pastor John K. Jenkins, Senior,* y a la *Primera Dama Trina Jenkins*. Ha sido un placer seguir sus ejemplos piadosos de humildad y excelencia. Gracias por todo lo que ustedes hacen para apoyar este ministerio. Adicionales agradecimientos al *Ministro Willie Jolley* quien me animó a auto publicar; A Allison Johnson que acuñó el término "ayuno de rendimiento"; y *Michelle Singletary* quien corrió el riesgo y me expuso a aguas inexploradas.

*A mis hermanas Brandy y Nicole:* Qué viaje ha sido este. Gracias por unirse a mí todos los lunes para nuestra oración semanal. A causa de ese tiempo esto se hizo posible. *Andrea:* Gracias por su pericia en el área de diseño del logo. Yo nunca supe que eras tan creativa. *Chanelle:* Gracias por tu estímulo y tus lágrimas espontaneas de gozo. *Latricia:* Gracias por creer en este trabajo y por todas nuestras largas conversaciones del "destino".

*A mis hermanos Don junior, Jason, y Stephen:* Cada uno de ustedes, en su propio estilo, influyó en el contenido de este libro y somos más enriquecidos en él.

*A mis "editores":* Candyce Anderson, Tonya Brewington, Tanya Bryant, Yaphet Bryant, Chanelle Chisholm, Latricia Chisholm, Gina Davis, Stephanie Davis, Sylvia Huntley, Tyra Kingsland, Wanda Scales, y Yolanda Simpson. ¡Gracias por toda su ayuda!

*A Chris:* Gracias por su pericia en la publicación. Que Dios continúe bendiciendo la Industria editorial de YAV.

*A Carolina, Jonesie, Kim, y Stephanie: Gracias* por todo el estímulo. Nuestro pequeño club de lectores ha hecho una diferencia grande en mi vida.

# Introduccion

En el otoño del 2010, aproximadamente 100 personas se unieron a mí en un ayuno colectivo. Este no fue un ayuno típico, un poco raro de hecho, pero era el ayuno que Dios había ordenado. Por lo tanto, en obediencia a Él "nos rendimos".

Yo no era principiante en este proceso; de hecho, de hecho, blogged 2010 marcó el tercer ayuno de 40 días ese año. La primera vez rendí ciertos tipos de alimento. Por años el Espíritu Santo había estado condenándome sobre mis comidas habituales. Aunque yo sabía la importancia de una nutrición apropiada, habiendo leído muchos libros concernientes a la dieta y el comer sano, seguí comiendo alimentos que no edificaban mi cuerpo. Sin embargo, (por la gracia de Dios) en los comienzos del 2010 yo eliminé todo alimento malsano de mi dieta durante 40 días y Él realizó un milagro. Usted se enterará más sobre aquella transformación en las secciones posteriores de este libro.

Mi segundo ayuno fue "el egoísmo". Hice un voto que durante 40 días yo serviría a mi familia sin reclamación y con un corazón gozoso. No fue fácil, pero en oración diaria, lectura de la Biblia y otros libros Cristianos mi corazón cambió y mi familia en realidad se convirtió en mi primera prioridad.

Mi tercer y final ayuno de 40 días del 2010 fue blogged desde el 6 de Septiembre — al 22 de Octubre. El siguiente devocional es el fruto de este ayuno. Los que lo terminaron fueron bendecidos tremendamente.

Estuve tan emocionada por lo que Dios había hecho por nosotros que comencé a decirle a otros y ellos, también, completaron el ayuno y como nosotros, ellos también fueron enormemente bendecidos. Todos los participantes reportaron que el ayuno había sido tan relevante para ellos como lo había sido para nosotros, a pesar de la diferencia del tiempo. Fue entonces que supe que este regalo de Dios tenía que ser compartido con mucha gente más.

El contenido de lo que usted está a punto de leer es en gran parte inédito. Sentí que era importante que usted lea las palabras de Dios tal como Él nos las dio.

Oro que como nosotros, usted tenga una experiencia con Dios que exceda todos los otros encuentros con Él y que los beneficios de su rendición se cosechen por muchas generaciones por venir. Soy testigo de que este ayuno, de ser seguido fielmente y francamente, cambiará su vida. Así sin más demora, bienvenidos a El Ayuno de Rendición.

**Pautas Para el Ayuno**

Aquí están unas pautas que le ayudaran a usted a completar

este ayuno satisfactoriamente:

1. **Buscar a Dios para dirección.** Ore y pregúntele a Dios lo que Él le haría rendir durante los 40 días siguientes. Por ejemplo, unos han ayunado del egoísmo, los alimentos no saludables, el miedo, la televisión, la música profana, y/o la envidia.

2. **Leer la Sección de Preparación del Pre-ayuno.** Idealmente estos postes deben ser leídos uno por día durante al menos 5 días antes de empezar su ayuno. Sin embargo, ellos podrían ser leídos dos por día o todos en una sesión. No importa su método de opción, esté seguro de meditar sobre cada pasaje y escriba a diario lo que usted siente que Dios le dice.

3. **Comience el ayuno de 40 días.** Empiece cada día con oración, la lectura de la Palabra, y este devocional. Hay un devocional para cada día de la semana. Esté seguro de contestar las preguntas de Reflexión Personal al final de cada poste que están diseñados para más tarde entablarlo en el proceso. También, lea las escrituras que están relacionadas con su área de rendición. Por ejemplo, si usted se abstiene de la conversación negativa, lea escrituras que se relacionan con la lengua, quejas, chisme, la conversación ociosa, etc. Finalmente, use el fin de semana para leer lo que Dios pone en su

corazón y escríbalo.

4. **Pídale a un amigo que ayune con usted.** Esto ayuda a tener a otra persona o personas disponibles para la responsabilidad y el estímulo. La mayoría de la gente que ha hecho este ayuno lo ha hecho así con por lo menos otra persona.

5. **Disfrute la jornada.** No sea demasiado duro con usted mismo durante los 40 días. Un caminar más cercano con Dios, no la perfección es el objetivo. Por lo tanto, búscalo a Él con todo su corazón, rinda su voluntad a la de Él, y mírelo a Él hacer lo milagroso en su vida.

PREPARACIÓN DEL PRE-AYUNO
# ¡Deja Que Dios Haga Algo Nuevo!

Usted puede preguntarse, "¿Qué hace Celeste ahora?" Yo no estoy haciendo nada, es Dios. En los próximos pocos días Él le llamará para hacer algo que usted no había considerado y subsecuentemente redirigirá el curso de su vida.

Como algunos de ustedes saben, he estado en casa todo el año. En el cierre del 2009 Dios me llamó a dejar todo lo que yo sabía — la práctica privada, la oratoria, la escritura, deberes de ministerio — para ir a un lugar que Él revelaría. ¡Pronto descubrí que la ubicación del lugar no revelado era mi casa.

Al principio del 2010, me encontré en casa con dos pequeños y mucho tiempo para estar con Dios. Debo admitir que al principio me pregunté cual era el plan de Dios, pero al mirar atrás durante los nueve meses pasados estoy agradecida que Él redirigió el curso de mi vida y me cambió de modos bastante inesperados. Ahora Él quiere hacer lo mismo por usted.

Dios le está llamado a usted para que haga algo diferente

— para salirse de su zona de comodidad. No lo resista y no permita que el temor lo mantenga alejado de lo que Él tiene guardado para usted. Isaías 43:18–19 lee:

*No os acordéis de las cosas pasadas,*
*ni traigáis a memoria las cosas antiguas.*
*He aquí que yo hago cosa nueva;*
*pronto saldrá a luz;*
*¿no la conoceréis? Otra vez abriré*
*camino en el desierto, y ríos en la soledad.*

Sí, Dios puede y hará todo esto por usted.

¿Cuál es el deseo secreto de su corazón? Él lo sabe, pero no se moverá sin su cooperación y la entrega total de su voluntad. Y aquí es donde entra el ayuno. En la próxima semana, porque usted está buscando un cambio, usted va a rendir algún hábito o creerle a Dios por 40 días. Comenzaremos la jornada juntos este lunes.

He hecho dos ayunos de 40 días desde abril. Cada vez con otras personas (es decir, el ayuno colectivo) y milagrosamente hemos sido cambiados. Esta vez Dios me ha llamado a hacerlo con usted vía blog. Explicaré más mañana.

Les Brown dice, "Si usted quiere hacer esta su década, usted tiene que decidir ser valiente, y llevar la vida adelante." No dejes el año de la misma manera que entraste. Las cosas

*Ayuno de 40 Días De Rendición*

antiguas han pasado; Dios quiere hacer algo nuevo en usted.

## Reflexiones Personales

1. ¿Cómo le habla el Espíritu a usted? Reflexione sobre Isaías 43:18-19 y escriba sus ideas.




2. ¿Qué "cosa nueva" Dios quiere hacer en usted y para usted?

3. Como la Doctora Celeste ¿siente usted que Dios le pide dejar algunas tareas o empleos que son importantes para usted? ¿Obedecerá usted?

4. ¿Qué papel, si alguno, el temor juega como obstáculo de permitir que Dios haga lo nuevo en su vida?

PREPARACIÓN DEL PRE-AYUNO

## ¿Qué es un Ayuno de Rendimiento?

Según el Diccionario Merriam-Webster, rendirse es entregarse uno mismo al poder de otro, sobre todo como un prisionero. ¿De la misma manera, cuando uno es detenido cuál es la primera cosa que él hace? Él levanta sus manos en un acto de rendición y se somete a la autoridad de un poder más alto. Ese tipo de entrega-rindiendo su voluntad y plan a favor del de Dios — es de lo que se trata este ayuno.

Estoy cerca de terminar un libro que creo, cambiará la manera en que esta generación se enfoca en el camino del éxito. Esto perfila los pasos que cada persona debe tomar para realizar su destino. El quinto paso en esta jornada es "Aislamiento" y la conclusión apropiada a esta etapa es un ayuno. Jesús durante Su tiempo de aislamiento en el desierto, ayunó por 40 días y noches de alimento y bebida (Mateo 4:1-11). Como una recompensa por su rendición completa al plan de Dios Él fue conducido a Su destino. Yo formulé este ayuno y posteriormente lo llamé *Ayuno de 40-Días de Rendición*, basado en el tiempo que Jesús paso ayunando en el desierto. Mi primera experiencia con el ayuno de rendición fue en abril del 2010. Mientras asistía a una asociación de mujeres en la Primera Iglesia Bautista de Glenarden, el Pastor John K. Jenkins Sr. enseñó las disciplinas de una mujer piadosa. Al instante me sentí culpable por mi falta de disciplina en el área de la dieta. Por muchos años Dios había estado tratando conmigo sobre mis hábitos alimenticios. Incluso como sobreviviente de cáncer de mama por 3 años yo me sentía contenta de comer lo que me gustaba, a pesar de mi conocimiento del eslabón entre la dieta y la enfermedad. ¡Yo estaba tan controlada por la comida que yo estaba dispuesta a entorpecer mi salud física y espiritual por la emoción momentánea de una caja de Tamales Calientes! Yo sabía que Dios no estaba contento y yo estaba desesperada por un cambio.

Entonces aquel sábado por la mañana en abril llore. Y cuando mi llanto había terminado, decidí hacer lo que Dios me había instruido que hiciera durante años. Rendí mi voluntad por la de Él en esta área.

Escogí hacer el ayuno de Daniel. Durante mi tiempo de ayuno compartí mi testimonio con otras mujeres y algunas de ellas se unieron a mí. Cada una de nosotras ayunó de algo diferente, una de la TV, otra azúcar, pero nuestros corazones estaban en concierto juntas a lo que colectivamente rendíamos nuestra voluntad. Al principio, el ayuno fue difícil para mí, pero alrededor del día 31, para mi sorpresa, decidí hacerme vegetariana y no he vuelto atrás desde entonces.

Ahora le toca a usted. Si usted se siente estancado, frustrado, y/o atado decida que ahora es el tiempo para hacer algo nuevo; tenga el coraje para liberar su plan por el de Él.

Las bendiciones que se derivarán de su obediencia bien merecerán el sacrificio (Vea Deuteronomio 28).

## Reflexiones Personales

1. ¿Cómo le habla el Espíritu? Reflexione sobre Mateo 4:1-11 y escriba sus ideas.




2. La Doctora Celeste fue introducida al ayuno cuando niña y ha seguido la práctica hasta la edad adulta. Sin embargo, algunas nuevos o incluso experimentados convertidos no consideran el ayuno como algo beneficioso. ¿Cuáles son sus pensamientos sobre el ayuno? ¿Ha ayunado usted en el pasado y le produjo los resultados que usted esperó? ¿Qué espera usted de este ayuno?

3. ¿Qué área (s) de su vida tiene usted que rendirle a Dios? ¿Cuál será el desafío más grande del rendimiento?

4. ¿Cómo podría este rendimiento cambiar su relación con usted mismo, Dios, y otros?

PREPARACIÓN DEL PRE-AYUNO
## Esfuérzate y sé Valiente

Celeste, tal como le instruí a Josué, 'Esfuérzate y sé valiente' es lo que Dios ha estado insistiendo todo el año. En un esfuerzo para hacer esta orden mi verdad, he leído y he releído el libro de Josué. Me ha cambiado tremendamente, pero todavía Dios quiere hacer más. Esta es la razón por la que me ha llamado a hacer este ayuno (y lo ha arrastrado a usted conmigo); tengo que ser liberada. No puedo permitir más que los daños del pasado dicten mis acciones y sigan impidiendo que yo sea esforzada y valiente. Él necesita que yo sea un embajador de Su palabra y si soy tímida no seré una testigo eficaz.

Mi falta de audacia llegó a lo último el otro día. Yo estaba ayudando a un candidato a solicitar votos en la mesa de votaciones. Mientras estaba allí, me encontré con un colega que estaba haciendo campaña a favor de otro candidato. Después de unas bromas entramos en una conversación sobre otros candidatos que corrían para la oficina de aquel término. Ella no estaba de acuerdo vehementemente con mi elección y buscó como cambiar mi mente.

Basta con decir, que funcionó. Para el momento en que ella había terminado yo había cambiado uno de mis votos. Para hacer las cosas peores, la busqué después de que voté para dejarle saber que yo había sido convencida por su argumento. Por suerte no pude recibir su aprobación; ella había dejado el sitio. Comprendí inmediatamente que aquella interacción había sido preparada. Dios tenía mi atención.

Transmito esta historia vergonzosa para resaltar mi necesidad de Dios-especialmente en esta área. Anoche oré para conocer mi comportamiento. Dios me reveló que me pierdo cuando estoy rodeada de personas agresivas / asertivas; no me siento capaz de manejar apropiadamente este tipo de personas.

La raíz del problema se remonta a la escuela primaria. Desesperadamente quise encajar, pero no lo hice. Fui rechazada continuamente por (al menos en mi opinión) las niñas agresivas, a veces malas, aún abrumadoramente populares.

Al mismo tiempo, invertí demasiado tiempo complaciendo a las figuras de autoridad, creyendo equivocadamente, que su aprobación me haría buena y aceptable. Todas mentiras. La aceptación de Dios es todo lo que importa.

Estoy aprendiendo día a día que Él me ama del modo que soy. A medida que crezco más cerca de él, voy a ganar el valor de ser quién soy. Antes de que este año termine es que yo seré firme en mi identidad, segura de mi vocación, y lista para cualesquiera y todas las misiones que se me presenten en mi camino. A causa de Cristo y la obra que Él hizo por mí en la cruz, estoy entera y completa en Dios.

Leí esta mañana, " 4 No temas, pues no serás confundida; y no te avergüences, porque no serás afrentada, sino que te olvidarás de la vergüenza de tu juventud, " (Isaías 54:4). Él me recordaba que ya no soy esa niña asustada que no tenía voz y necesitaba ser aceptada. Soy una mujer esforzada y valiente en Cristo. También recordé que Dios nos dará el doble para nuestro problema (ver Isaías 61:7) y compensar todo de las heridas que hemos experimentado.

Con valentía declararemos, en este día, que somos sanados de los dolores y las heridas del pasado, somos nuevos en Cristo, y equipados para tener éxito en todo lo que ponemos nuestras manos. Durante los 40 días siguientes, comenzando el lunes, 13 de Septiembre estoy ayunando de una actitud tímida y temerosa, sobre todo en lo que se relaciona con gente agresiva/asertiva. Hablaré como el Espíritu me guie y no dejaré que el temor me encierre. ¿Qué le rendirá usted a Dios?

## Reflexiones Personales

1. ¿Cómo le está hablando el Espíritu? Reflexione sobre Isaías 54:3-6 y escriba en el diario sus ideas.

2. ¿Ha decidido usted lo que rendirá durante los siguientes 40 días? Si es sí, escríbalo debajo. Si no, no se preocupe. Solamente continúe buscando la dirección de Dios y Él le dará la respuesta. Como la Doctora Celeste que fue alentada por las palabras que Dios le hablo a Josué. ¿Cómo ha preparado Dios su corazón para tal ayuno?

3. El enemigo quiere que usted esté avergonzado de sus debilidades y que las oculte de otros, pero aquella filosofía sólo retrasa su sanación. Por lo tanto, identifique una debilidad y haga los arreglos para hablar con al menos otra persona sobre esto. Pídale a él/ella que la mantenga responsable (durante la duración del ayuno). Mientras usted le permite a Dios que la cambie en esta área.

4. Si usted no puede fácilmente identificar a una persona que pueda tomar parte de este proceso con usted, ore. Dios le revelará a la persona indicada. Cuando Él vaya adonde aquella persona, explíquele lo que usted está haciendo, y pídale que sea parte de esta jornada con usted. Escriba el nombre de esa persona aquí.

PREPARACIÓN DEL PRE-AYUNO

## ¿Por qué 40 días?

El número cuarenta es significativo por varias razones. Uno, es universalmente aceptado como un número de importancia para Dios no sólo por la frecuencia con que ocurre en la Biblia, sino también por su asociación con un período de juicio y prueba. Por ejemplo:

- En el día de Noé las lluvias cayeron por 40 días y noches (Génesis 7:4)
- El pueblo de Israel vagó por el desierto por 40 años (Josué 5:6)
- Goliat se le presentó a Israel por 40 días (1 Samuel 17:16)
- David reinó sobre Israel por 40 años (2 Samuel 5:4; 1 Reyes 2:11)
- Jesús ayunó 40 días y 40 noches (Mateo 4:2)
- Jesús fue tentado durante 40 días (Lucas 4:2; Señal 1:14).

Y como un paréntesis, las mujeres están embarazadas durante 40 semanas.

En segundo lugar, el número 40 es significativo porque parece ser, al menos en mis experiencias, la cantidad de tiempo necesario para romper una fortaleza. Usted puede haber leído, investigaciones indican que se toma aproximadamente 21 días para romper un hábito. Esto puede ser verdadero, pero una fortaleza es algo diferente; esto es un hábito salvaje. En lo espiritual una fortaleza es un modelo incorrecto de pensar que influye en cómo vivimos nuestras vidas. Por eso, 40 días parece ser el número más exacto para romper una fortaleza.

Las fortalezas pueden ser evidentes en muchas áreas de nuestras vidas, pero un área en las que pueden ser especialmente perjudiciales es en nuestra vida emocional. Después de muchos años de dolor, naturalmente procuramos proteger nuestras emociones. En un vano intento de protegerse de más dolor, a menudo adoptamos creencias erróneas (p. ej. la gente siempre me hará daño, así que no debería dejar que nadie se acerque demasiado). Estas creencias erróneas no permiten que nos movamos como ordena Dios y nos impiden tomar los riesgos que son necesarios para el éxito.

En y por nosotros mismos no tenemos esperanza de cambiar, pero con Dios todo es posible. Su virtud sanadora derriba los muros que nos han mantenido confinados y Su gracia nos impulsa más allá a lo que nunca pensamos que podríamos ir.

Esta es la tercera vez que hago este ayuno particular de 40 días (la primera vez ayuné de ciertos tipos de alimentos y la segunda vez del orgullo y el egoísmo). Cada vez noté un patrón distinto. Los primeros 21 días fueron desafiantes, yo no podía ver como Dios iba a cambiarme. Alrededor del día 21, comencé a sentir que el cambio estaba en el camino. Alrededor del día 30, comencé a notar cambios constantes en mi comportamiento. Y antes del día 40, fui sanada; una nueva yo restaurada y renovada en mente, cuerpo y espíritu.

La escritura nos recuerda que algunas cosas sólo cambian con oración y ayuno (ver Marcos 9:29). ¿Está usted listo para ser libre, liberado de su fortaleza? Si es así, este es su tiempo de prueba; su tiempo para demostrarle a Dios y a usted mismo que usted está listo para aceptar la nueva cosa que Él tiene para usted. Comprométase a este ayuno y vea como Dios hace un trabajo poderoso en su vida.

## Reflexiones Personales

1. ¿Cómo le habla el Espíritu? Reflexione sobre Marcos 9:14-29 y escriba sus ideas.




2. ¿Qué comportamientos o circunstancias le mantienen atados y además actúan como una barrera para la vida que Dios tiene para usted?

3. ¿Cree usted que Dios puede liberarlo de cualquier y cada fortaleza? Piense en un comportamiento o hábito que le gustaría eliminar. ¿Qué ha intentado en el pasado para librarse de ese problema? ¿El problema ha mejorado con el tiempo o se ha mantenido igual? ¿Cómo va a saber en que Dios le ha sanado?

4. ¿Está usted dispuesto a comprometerse con este período de ayuno de 40 días? ¿Qué personas o circunstancias negativas podrían afectar su capacidad de triunfar en este ayuno?

PREPARACIÓN DEL PRE-AYUNO

## Es Complicado

Dentro de la sección "Info" de una página de Facebook se invita a los participantes a responder a la pregunta "estado civil". Las respuestas normales son solteros, casados, divorciados, etc. Sin embargo, de vez en cuando alguien responde: esto es complicado. Eso me lleva a creer que están en una relación, pero no realmente en una relación- esto es complicado.

Lo mismo puede ser cierto cuando se trata de la curación de las heridas emocionales de la infancia: esto es complicado. El simple paso del tiempo no lo hace todo. El decir las palabras "Ya pasé eso" simplemente no cura, ni el enterrar el dolor profundo en lo más recóndito de nuestra mente. La curación es un proceso y si la mayoría de nosotros somos honestos, sabemos que superar nuestro pasado es-bien-complicado.

De niña yo era sensible; cada palabra áspera y la mirada de desaprobación me herían. A causa de mi naturaleza sensible rápidamente adopté la creencia de que yo no era lo suficientemente buena. Aquella creencia falsa, formó mi visión del mundo por muchos años, se convirtió en la base de mi identidad y produjo fruto. Así es cómo aquella creencia influyó en mi vida mental y comportamiento:

**LA CREENCIA FALSA:**

**NO SOY LO SUFICIENTEMENTE BUENA**
**EL FRUTO DE AQUELLA CREENCIA:**

1. Una baja autoestima que condujo a las creencias siguientes:
   a. Si mis compañeros me aceptan (sobre todo los populares) eso me hace buena.
   b. Si me asocio con los que otros perciben como buenos, por asociación, también seré buena.
   c. Si complazco a los que están en autoridad, ellos me querrán y serán bondadosos conmigo.
2. Una tendencia al perfeccionismo:
   a. Si llego a ser perfecto en todos los sentidos (es decir, forma de vestir, hablar, la educación, el pelo, el maquillaje, etc.) nadie se enteraría de mi vergüenza secreta - que no soy lo suficientemente bueno.

Si usted no puede seguir eso, está bien, porque es complicado; las mentiras siempre lo son.

Hay algunos de ustedes que están luchando con Dios. Él

les está diciendo que ayunen de cierta creencia o comportamiento que usted cree que ya lo "paso" y usted rechaza visitar de nuevo ese viejo asunto. Bueno, si Dios le conduce a hacer esto, Él sabe que hay algún fruto putrefacto que necesita ser removid0.

Hoy, sé que soy lo suficientemente buena, pero el fruto de complacer (sobre todo la autoridad) aun permanece (ver el blog Esfuérzate y sé Valiente). Pero declaro que al final de estos 40 días ese fruto no estará más. Dios me encuentra agradable y eso es lo único que importa.

La escritura nos dice que debemos traer todo pensamiento cautivo a la obediencia de Cristo (ver 2 Corintios 10:5). El único modo de desafiar cada pensamiento rebelde es de estudiar y meditar sobre la palabra de Dios; deje que la verdad de Él se convierta en su verdad.

Aquí está la verdad de Él. Usted no necesita que nadie lo apruebe o acepte porque Dios lo ama a usted de la forma que usted es (ver Juan 4:19). Si usted medita en Su palabra de día y de noche, hace todo lo que dice, usted hará su camino próspero y tendrá buen éxito (ver Josué 1:8).

Ahora esa es la verdad y la verdad nunca es complicada.

## Reflexiones Personales

1. ¿Cómo le habla el Espíritu? Reflexione sobre 2 Corintios 10:5 y 1 de Juan 4:19 y escriba sus ideas.

2. ¿Qué mentira, si alguna, desde la niñez ha aceptado usted como verdad? ¿En qué formas continúa influyendo en sus pensamientos y comportamiento?

3. ¿También afecta esta mentira sus relaciones actuales? ¿Si sí, con quién y de qué modo?

4. ¿Cómo quisiera usted que Dios lo cambie durante los 40 días siguientes?

## DÍA 1
# Espere lo Inesperado

*Porque mis pensamientos no son vuestros pensamientos, ni vuestros caminos mis caminos, dijo JEHOVÁ. Como son más altos los cielos que la tierra, así son mis caminos más altos que vuestros caminos, y mis pensamientos más que vuestros pensamientos.*

(Isaías 55:8-9)

Bienvenido al Día 1 del Ayuno de Rendición! Si su vida es algo así como la mía, Dios ya ha comenzado a trabajar en su corazón y está preparándolo para recibir más de Él.

Somos un grupo diverso: hombres y mujeres, jóvenes y experimentados, desde Búfalo hasta Oakland. Lo que rendimos también es bastante variado. Unos ayunan de los alimento, unos de la falta de confianza; mientras que otros abandonan el miedo, el egoísmo, el orgullo, y la inseguridad. Cada jornada será diferente, pero estamos unidos todos en una misma causa: para acercarnos más a Dios. Lo animo a tomar notas y a escribir su experiencia.

Como usted ha aprendido al leer las pautas de la Preparación del Pre ayuno, yo estoy rindiendo la timidez a Dios. No seré mas temerosa, pero esforzada y valiente. Durante los siguientes 40 días activamente escucharé la dirección del Espíritu Santo y caminaré con valentía como Él me guíe.

Entonces la primera tarea de Dios — lea sobre la humildad. Eso no era la dirección que yo esperaba pero sé por mis otros dos ayunos esperar lo inesperado. La escritura nos dice que los caminos de Dios no son nuestros caminos, ni Sus pensamientos nuestros pensamientos.

Entonces en obediencia estoy leyendo "la Humildad" por Andrés Murray.

Él dice que la humildad es el lugar de la total dependencia de Dios. Él escribe además:

*La humildad no es una cosa que traemos a Dios. Ni es una cosa que Dios nos da. Esto es simplemente la realización de que nada somos, cuando vemos realmente como Dios es Todo, y cuando limpiamos el espacio en nuestros corazones de modo que Él pueda ser todo para nosotros.*

*Ayuno de 40 Días De Rendición*

Desde luego quiero que Dios sea mi todo. Por lo tanto, cada mañana entregaré mi tiempo a Dios: Oraré, leeré Su palabra, y meditaré sobre lo que he leído. Usted debe hacer el mismo compromiso. El crecimiento no ocurrirá por ósmosis; un sueño viene con mucho esfuerzo y dolor (ver Eclesiastés 5:3). Si usted quiere experimentar una nueva cosa en Dios, usted debe hacer su parte. Por lo tanto, humíllese ante el Rey de Gloria, escuche Sus instrucciones, y muévase como Él dirige. La libertad está en camino.

## Reflexiones Personales

1. ¿Cómo le habla el Espíritu? Reflexione en el Salmo 25:9, 69:32, 147:6; Santiago 4:10; y 1 de Pedro 5:6 y escriba sus ideas.

2. Desde el principio Dios nos instruye a que seamos humildes. ¿Qué significa humildad para usted? ¿Cómo ella se relaciona con el acto de rendición?

3. A veces la gente tiene miedo de mostrar humildad porque ellos asocian la mansedumbre con debilidad. ¿Hay una diferencia entre la humildad y el ser fácil de convencer? ¿Cómo explicaría usted la diferencia?

4. ¿En una escala del uno al diez, cual es su nivel de compromiso de leer la palabra de Dios a diario, la lectura de este devocional y la oración? Explique su clasificación.

# DÍA 2
# Tiempo, Esfuerzo, Recompensa

*Sembrad para vosotros en justicia, segad para vosotros en misericordia; haced para vosotros barbecho; porque es el tiempo de buscar a JEHOVÁ, hasta que venga y os enseñe justicia*
(Óseas 10:12)

Se ha dicho que el tiempo más el esfuerzo es igual a la recompensa. Esta filosofía se aplica a casi todo en la vida, ahora incluido el ayuno. Dios le ha prometido "una nueva cosa" y aquella promesa principalmente lo incitó a unirse a este ayuno. Por lo tanto, esté seguro que Él ve su sacrificio y le recompensará según su inversión. En otras palabras, durante los 38 días siguientes el tiempo que usted pase invirtiendo en su relación con Dios se verá recompensado con creces.

La escritura nos dice que lo que un hombre siembra, eso

cosecha (ver Gálatas 6:7). También se nos recuerda que si usted siembra escasamente, usted cosechará escasamente y si usted siembra generosamente, usted cosechará abundantemente (ver II Corintios 9:6). Como usted, yo espero un movimiento poderoso de Dios durante el transcurso de este ayuno entonces estoy sembrando generosamente, pero la siembra requiere un sacrificio. Por lo tanto, mi comodidad es de poca importancia. Descuido aquella hora extra de sueño y recorto las actividades que dificultan mi capacidad de buscar a Dios con todo mi corazón. ¿Qué tal usted? ¿En qué asunto está invirtiendo? Sé que es sólo el día 2 pero un buen final requiere un buen comienzo.

Por esa razón, ríndale sus malos hábitos al Señor. Permítale a Él romper el barbecho, el terreno de su corazón que no da fruto y siémbralo con Sus planes y propósitos. Búsquelo con todo lo que hay en usted, y que requiere Su favor hasta que Él venga y enseñe justicia sobre usted.

La novedad que busca está aquí pero su posesión de ella requiere tiempo y esfuerzo. Por lo tanto, levántese temprano por la mañana para darle alabanza y buscar Su dirección por medio de la oración y la lectura de Su palabra. Esta pequeña inversión de su tiempo cosechará una recompensa abundante.

*Ayuno de 40 Días De Rendición*

**Reflexiones Personales**

1. ¿Cómo le habla el Espíritu? Reflexione en Oseas 10:12; Gálatas 6:7; y II Corintios 9:6 y escriba sus ideas.

2. ¿Qué sacrificios hará usted para acercarse más a Dios?

3. ¿Por lo general cuál es su nivel de compromiso cuando se trata de empezar nuevos regimientos? ¿Se compromete usted fácilmente a un plan desde el principio y lo sigue hasta el final? ¿O le tiene fobia a los compromisos? ¿Si es así, qué es lo que teme acerca del compromiso?

4. Si usted ha identificado los temores, hable de ellos con su compañero de responsabilidad. Ore y pídale a Dios fortaleza de modo que usted sea capaz de remover el temor y tener éxito al final. Si usted es por naturaleza una persona comprometida, agradézcale a Dios por ese regalo y pregúntele como le gustaría que Él lo usara a usted para desarrollar este rasgo de carácter en otros.

## DÍA 3
# Re-edifica y Renueva

*Reedificarán las ruinas antiguas,*
*y levantarán los asolamientos primeros,*
*y restaurarán las ciudades arruinadas,*
*los escombros de muchas generaciones.*
(Isaías 61:4)

El blog de ayer reveló una verdad básica: una inversión de tiempo y esfuerzo cosecha un galardón. Qué maravillosa razón para alegrarse. Rendirse sin duda tiene sus ventajas. En los otros 37 días tendremos el beneficio de una relación más íntima con Dios, la mejora de la salud emocional, y los avances en muchas otras áreas de nuestra vida.

Sin embargo, Dios ha revelado otro beneficio. Permítame invitarle a pensar fuera del área que está más allá de la realidad de su punto de vista. Este ayuno tiene beneficios que se extienden más allá de usted. Efesios 3:20 dice, *"Y Aquel que es poderoso para hacer todas las cosas mucho más abundantemente de lo que pedimos o entendemos, según el poder que actúa en nosotros,"*

¿Cuántos de ustedes han estado orando por sus familias y orando por el favor de Dios y el milagro que sólo Él puede realizar? El tiempo es ahora; el cambio está ocurriendo. Usted no lo puede ver en lo natural pero en lo espiritual el cambio está aquí.

Dios está obrando lo que ha prometido en ese hermano por el que usted ha estado orando. Aquel hijo que se ha apartado, Dios lo trae devuelta. Aquellas maldiciones generacionales-deudas, depresión, abuso sexual, ira, matrimonios rotos, el abandono-Dios lo está haciendo nuevo.

Su acto radical de fe hace lo imposible. Su rendición le encanta a Dios. La escritura nos recuerda *"Deléitate asimismo en Jehová, Y él te concederá las peticiones de tu corazón."* (Salmo 37:4)

Ahora Dios está entusiasmado en hacer el trabajo por usted. Por USTED Él está reparando las ciudades antiguas y la devastación de muchas generaciones; él está restaurando las violaciones Qué cosas tan maravillosas está haciendo Él. ¡Alégrese porque ya está hecho!

Piense en ello. ¿Qué cosa abundante Dios hará por usted y su familia como consecuencia de este ayuno? ¿Qué maldiciones generacionales romperá Él? Soy la mayor de ocho. Siete de nosotros hemos aceptado a Cristo como nuestro salvador personal. Declaro, en nombre de Jesús que

*Ayuno de 40 Días De Rendición*

Él salvará a mi hermano Stephen dentro de los 38 días que nos faltan. (Yo y mis tres hermanas que también están en este ayuno) nos regocijamos porque ya está hecho.

## Reflexiones Personales

1. ¿Cómo le habla el Espíritu? Reflexione sobre Isaías 61 y escriba sus ideas.

2. La Doctora Celeste mencionó algunos beneficios del rendimiento: una relación más íntima con Dios, mejora de la salud emocional, y el rompimiento de muchas otras áreas de su vida. ¿Puede usted pensar en alguna otro beneficio?

3. ¿Qué cosa imposible Dios hizo por usted en el pasado? ¿Cuál fue esa cosa y como aumentó esto su fe?

4. ¿Qué cosa abundante hará Dios por usted y su familia como consecuencia de este ayuno? ¿Qué maldiciones generacionales le pide usted que rompa? ¿Cree usted que Él puede y lo hará?

DÍA 4

# Al Otro Lado

*Aquel día, cuando llegó la noche,
les dijo: Pasemos al otro lado.*

(Marcos 4:35)

Voy a dejarlo entrar en un pequeño secreto...ciberdiario, no es mi zona de comodidad, no es escribir para el caso. Hago ambas en obediencia a Dios. Aquel primer lunes escribí en el blog, me quedé sorprendida de lo que Dios escribió a través de mí y emocionada por lo que Él iba a hacer por Su pueblo. Sin embargo, la respuesta aplastante a lo que escribí me llevo cerca del pánico cuando pensé, "no puedo hacer esto otra vez; *no puedo dar otra palabra que hablará a los corazones de tantos."* Pero a medida que dejé que el Espíritu Santo hablara a mi tormenta emocional, Su paz me envolvió y calmó mis temores.

Los discípulos experimentaron un pánico similar en el capítulo 4. Una tarde, después de un día larga de ministración, Jesús anunció que ellos cruzarían al otro lado. Sin duda este fue un momento excitante. *¿Qué nuevas* *aventuras experimentarían ellos al otro lado?* Bien, apenas habían empezado su viaje, ellos experimentaron una tormenta.

Esta de mas decir, los discípulos no habían previsto tal acontecimiento. Esta tormenta era de proporción monstruosa y ellos entraron en pánico. Pero lo que ellos hicieron es lo que todos debemos de hacer en medio de una tormenta - ellos clamaron a Jesús. En un instante Él hizo que los vientos y el mar obedecieran y trajo una calma inmediata.

De la misma manera, Jesús le ha dicho a cada uno de ustedes, "Crucemos al otro lado." En otras palabras, "Déjame hacer algo nuevo." Sin duda su entusiasmo es grande: *¿qué podrá traer el otro lado?* No se sorprenda cuando sea una tormenta.

Cada mañana antes de cada anotación y en medio de mi tormenta emocional, recuerdo que hago Su trabajo no el mío. Armada con aquella verdad, respiro profundo, susurro una oración, leo mi palabra, y escribo. La paz que me envuelve durante este proceso calma mis temores y me permite tener una experiencia con Dios como ninguna otra.

Permite que su paz repose en usted también. Durante los próximos 36 días recuerde que usted no hace estos sacrificios con su propia fuerza. Lo que Él le haya pedido que rinda es la voluntad a Él y usted tendrá éxito. *"Antes bien, como está escrito: Cosas que ojo no vio, ni oído oyó, Ni han subido en*

*Ayuno de 40 Días De Rendición*

*corazón de hombre, Son las que Dios ha preparado para los que le aman."* 1 Corintios 2:9. Sea bendecido.

**Reflexiones Personales**

1. ¿Cómo le habla el Espíritu? Reflexione en Marcos 4:35-41 y escriba sus ideas.




2. ¿Qué tormentas han comenzado en su vida como consecuencia de su rendición?

3. ¿Qué pueden los discípulos enseñarle sobre como soportar la tormenta?




4. Como la Doctora Celeste, ¿Dios es quien le pide salir de su zona de comodidad; para hacer algunas actividades que usted tiene temor de hacer? ¿Cuánto tiempo ha evitado usted esta actividad? ¿Finalmente usted prestará atención a Su voz?

DÍA 5

## Se Cumplirá

*Toda palabra de Dios es limpia;*
*El es escudo a los que en él esperan.*
(Proverbios 30:5)

Puede que no parezca ahora mismo, pero cada promesa que Dios le ha hecho sucederá. Si usted permanece en Él, Él lo protegerá a usted y al sueño que Él plantó en su corazón hace mucho tiempo.

Es fácil desanimarse y el descontento desde el punto de vista de hoy. Pero nuestro "ahora" no necesariamente refleja nuestro mañana. La Escritura dice, "y aún no se ha manifestado lo que hemos de ser; " (1 Juan 3:2). No sé usted, pero en un año, no seré lo que soy hoy. Aún mejor, en 35 días, no seré lo que soy hoy. Cada día mejoro y crezco en Él.

Durante los años, muchas palabras piadosas han sido habladas sobre mí. Se ha dicho que tendré " el ministerio de matrimonio " y que hablaré a miles. Nada de eso es evidente ahora mismo. Andel y yo tenemos un gran matrimonio, pero no estamos ministrando a las parejas. Hablo en público, pero desde luego no a miles. ¿Eso quiere decir que las cosas no van a pasar? ¡Por supuesto que no!

Está escrito, si usted es fiel en lo poco Él le hará gobernar sobre muchos (ver Mateo 25:23). De la misma manera, la palabra nos anima a apreciar el día de pequeños principios, ya que es en este tiempo de preparación que Él nos hace estar listos para cosas mayores de Él (ver Zacarías 4:10).

Por lo tanto, uso cada día para prepararme para lo que ha de venir. Andel y yo con regularidad ayunamos por el bienestar de parejas, y hablo con fervor a cada audiencia que este bajo el sonido de mi voz. En el tiempo de Dios yo trascenderé a un nivel más alto en Él: pero es lo que hago hoy - en excelencia – lo que construye una fundación firme para lo que ha de venir.

Amado, no deje que hoy sofoque sus esperanzas para el mañana. Mantenga la fe, la palabra de Dios no volverá a Él vacía. Él promete que ninguna de todas las cosas buenas que Él ha dicho sobre usted fallará y TODO pasará (véase Josué 21:45, 23:14).

**Reflexiones Personales**

1. ¿Cómo le habla el Espíritu? Reflexione sobre Proverbios 30:5 y Josué 21:45, 23:14 y escriba sus ideas.

2. ¿Qué promesas le ha hablado Dios que aún tienen que pasar? ¿Cree usted que Él hará tal como Él ha dicho?

3. ¿Qué preparativos hace usted por la manifestación de cada promesa?




4. A veces cuando esperamos nos ponemos ansiosos por la manifestación del plan de Dios. ¿Está usted contento por el hoy o ansioso por el mañana? ¿En este último caso, qué hará usted para mantener el equilibrio mientras usted espera?

DÍA 6
# Tiempo personal con Dios

Sagrada Escritura

¿Cómo es que el Espíritu os habla?

DÍA 7
# Tiempo personal con Dios

Sagrada Escritura

¿Cómo es que el Espíritu os habla?

# DÍA 8
## Establece tu Fe

*Y todo lo que pidiereis al Padre en mi nombre, lo haré, para que el Padre sea glorificado en el Hijo. Si algo pidiereis en mi nombre, yo lo haré.*

(Juan 14:13-14)

Estoy entusiasmada por relatarle que mi primer momento de esfuerzo y valentía ocurrió este fin de semana mientras le ministraba al Ministerio de Apoyo de Cáncer de la Primera Iglesia Bautista de Glenarden. Fue una sesión poderosa.

Mis padres, estaban en la ciudad por una corta visita, asistieron al seminario y compartieron algunas palabras de estímulo al grupo. Una declaración hecha por mi madre me conmovió. Ella dijo que nunca volvería a tener cáncer. Es una declaración audaz teniendo en cuenta que ella tiene un extenso historial familiar de varios tipos de cáncer y las estadísticas concluyen que ella también va a sufrir la enfermedad. Pero ella sabe que Dios no se mueve por las estadísticas y Su plan se cumplirá no importa su historia. Es por eso que cuando Él le había instruido (en una reunión previa en la que hablo) de declarar que ella nunca tendría cáncer, ella lo hizo. Y ella había estado diciéndolo desde entonces.

Yo nunca había hecho tal declaración y no tenía la intención de hacerlo ese día, pero a medida que me puse delante de la gente las palabras " yo nunca seré atacada con cáncer otra vez en el Nombre de Jesús " salieron de mi boca. Sentí una mezcla de entusiasmo y poder mientras yo proclamaba lo que yo sabía que era verdadero. Y en aquel momento establecí mi fe.

Estableciendo o activando su fe es el proceso de hacer en lo natural lo que Dios ya ha terminado en lo espiritual. La escritura declara que la fe sin obras está muerta (Santiago 2:20) y que sin fe es imposible agradar a Dios (ver Hebreos 11:6). Por lo tanto, aquel sábado, hice lo qué Dios había estado impulsándome a hacer durante meses. Déjeme explicar.

Justo unos meses antes de esto yo había hablado en un evento de recaudación de fondos para cáncer. Durante el discurso, hice la afirmación "no creo que yo tendré cáncer otra vez, pero si lo tengo confiaré en Dios para mi sanación." Me sentí un poco extraña haciendo esa declaración y yo no entendía porque, pero ahora lo entiendo. Se nos ha dicho en Proverbios 18:21 que la vida y la muerte están en el poder de

*Ayuno de 40 Días De Rendición*

la lengua y en Santiago 3:10 que la lengua puede hablar ambas cosas, bendiciones y maldiciones. Ahora sé que cuando dije las palabras, "no creo que yo...pero si lo tengo... "mi duda dejo espacio para que la enfermedad me volviera a atacar otra vez.

Por eso, el sábado, 18 de septiembre de 2010 en la Sala de conferencia 2, ante un grupo de sobrevivientes de cáncer, Dios me desafió a establecer mi fe. Decir en voz alta las palabras que mi alma había anhelado escuchar, Yo nunca seré atacada con cáncer otra vez en el Nombre de Jesús. ¡Ahora si esto no es ser esforzada y valiente, no sé que es.

Algunos de ustedes se preguntan: ¿cómo puede ella hacer tal reclamación? ¿Cómo puede ella decir con certeza que ella nunca tendrá cáncer otra vez? Puedo hacerlo así porque la palabra de Dios me da el permiso. Jesús dijo que puedo preguntar algo en Su nombre y Él lo hará. Además, cuando estoy viviendo una vida rendida a Él, yo puedo discernir con certeza Su voluntad y saber qué debo de pedirle.

Mis amigos, fe es más que meras palabras; ésta es una actitud de confianza que sabe sin duda que Dios hará tal como Él lo ha prometido. Le imploro hoy, y durante los 32 días siguientes, establezca su fe con denuedo y mire como Su voluntad se hará. Sea bendecido en el Nombre de Jesús.

## Reflexiones Personales

1. ¿Cómo le habla el Espíritu? Reflexione sobre Juan 14:12-14 y escriba sus ideas.

2. El establecimiento o la activación de su fe son sólo posibles cuando usted cree que Dios hará como Él lo ha dicho. ¿Cuán convencido está usted que Dios resolverá las cosas por su bien? ¿En qué área de su vida tiene usted que confiar más en Dios?

*Ayuno de 40 Días De Rendición*

3. La escritura nos dice que la fe sin obras está muerta (ver Santiago 2:26). ¿Qué significa eso para usted? ¿En cuales áreas de su vida usted necesita establecer su fe?

4. Hay poder en compartir con otra persona de confianza lo que usted cree que Dios hará por usted. Dígale a su compañero de responsabilidad lo que usted espera que Dios haga.

DÍA 9

# Ore por Sus Enemigos

*Cuando cayere tu enemigo, no te regocijes,*
*Y cuando tropezare, no se alegre tu corazón;*
*No sea que Jehová lo mire, y le desagrade,*
*Y aparte de sobre él su enojo.*
(Proverbios 24:17-18)

Si usted ha vivido por algún tiempo con alguien que le ha hecho daño. Algunas ofensas han sido leves mientras que otras han sido grandes. Sin embargo, la Biblia da instrucciones claras sobre cómo manejar esas ofensas. Afirma, *"Pero yo os digo: Amad a vuestros enemigos, bendecid a los que os maldicen, haced bien a los que os aborrecen, y orad por los que os ultrajan y os persiguen,"* (Mateo 5:44).

Es humano desearle mal a alguien que le ha hecho daño, buscar la venganza, y/o cerrase emocionalmente. Sin embargo, un cristiano maduro uno que ha madurado en amor, tiene acceso al poder que se levanta dentro de él para responder de una manera que desafía su naturaleza. En las escrituras se lee, *"Todo lo puedo en Cristo que me fortalece"*

(Filipenses 4:13). Esto incluye perdonar a aquellos que lo ultrajan.

Es fácil amar a aquellos que lo aman a usted, pero la prueba de su conversión se refleja en su capacidad de amar a aquellos que lo usan, que se aprovechan de su bondad, y desean hacerle daño.

Cristo experimentó maltrato similar. Durante Su ministerio público Él fue rechazado, hablaron de Él, fue abandonado y no sólo crucificado por los que lo odiaron, sino también por Sus confidentes más cercanos. Judas lo traicionó, Pedro lo negó, y Tomas necesitó prueba de su resurrección. Aún ante el rechazo insondable, Cristo murió por todos nosotros. Y aún hoy, a pesar del rechazo continuo, Él persiste en amontonar bendiciones sobre Sus hermanos y hermanas. A pesar de nuestras maldades, Él está sentado a la diestra de Dios orando por nosotros suplicando a Dios en nuestro nombre. Por lo tanto, deje que Cristo sea su ejemplo perfecto. Debido a que Él le ha perdonado tanto y sigue buscando su bien, devuélvale el favor a algún alma descarriada.

Durante este tiempo de rendición, permítale al Espíritu hablarle sobre la condición de su corazón. ¿De qué actitudes y creencia tiene que Él librarle en los 31 días siguientes? El tiempo es ahora; Dios está haciendo algo nuevo, pero la falta de perdón y otros comportamientos que buscan venganza impedirán su movimiento hacia adelante.

Por lo tanto, escoja el camino más alto - el camino de amor. Permítale a Dios sanarlo de su dolor de modo que Él pueda usarle de un modo sobrenatural en las vidas de otros.

Que el favor de Dios este con usted hoy y para siempre.

## Reflexiones Personales

1. ¿Cómo le habla el Espíritu? Reflexione sobre Proverbios 24:17-18 y escriba sus ideas.

2. Ore y pídale a Dios que le revele la condición de su corazón. Una oración que a menudo susurro es, " Dios muéstrame a mí". ¿Está Él revelándole una persona o personas que usted no ha perdonado? ¿Si es así, qué hará usted para hacer esto bien?

*Ayuno de 40 Días De Rendición*

3. El perdonar a aquellos que nos han hecho daño va en contra de nuestra naturaleza. ¿Por qué entonces requiere Dios que nosotros perdonemos? ¿Cuáles son los beneficios de perdonar? ¿Cuáles son las consecuencias de no perdonar? Encuentre escrituras para validar sus respuestas.

4. ¿Qué significa el sacrificio de Cristo para usted y cómo nos demuestra cómo debemos de amar?

DÍA 10

## Renovación es Necesaria

*Él les dijo: Venid vosotros
aparte a un lugar desierto, y descansad un poco.
Porque eran muchos los que iban y venían,
de manera que ni aun tenían tiempo para comer.*
(Marcos 6:31)

Vivimos en una sociedad donde todo el mundo quiere aparentar estar ocupado. Esto parece ser especialmente cierto en el DMV (los Distrito de Maryland, y Virginia). En el último año, he rechazado la noción de estar ocupada; de plano me niego a usar la palabra "o". Siempre que alguien me diga, " sé que usted está ocupada, pero…, " rápidamente corrijo su percepción de mi vida y les informo que no estoy ocupada, sino productiva.

Algunos pueden considerar esto un simple asunto de semántica, pero al contrario. Ocupado y productivo son dos conceptos y estados de ser diferentes. He aprendido que "ocupado" se trata de mí, mientras "productivo" es acerca de Dios.

Cuando estoy ocupada por estar ocupada, estoy dispersada, agotada, frustrada, e ineficiente. Cuando soy productiva en las cosas de Dios, estoy enfocada, contenta, alegre y en paz.

Esto es exactamente lo que Dios quiere para todos nosotros. Él quiere que nosotros vivamos en la paz que sobrepasa todo entendimiento, que tengamos un gozo inefable, y que prosperemos en todas las cosas. Si usted se encuentra continuamente frustrado, usted necesita volver a calibrar su vida y, un buen descanso pasado de moda puede ser el mejor lugar para empezar.

Es posible que no quiera descansar, pero es necesario. No siempre vamos a estar "activos". Jesús entendió esto muy bien. Por esa razón en Marcos 6, Jesús instruyó a Sus discípulos a tomar un descanso del trabajo. Él sabía que en su descanso ellos encontrarían la renovación y la fuerza para ser productivos en la siguiente etapa de su carrera.

¿Entonces por qué rechazamos el descanso? Orgullo. De hecho, todo el comportamiento ocupado es impulsado por el orgullo. Su orgullo le lleva a creer que usted no puede parar, que usted es indispensable, y que otros no lo pueden hacer sin usted. Pero esa es una trampa del enemigo para mantenerlo ocupado y poco productivo. Confíe en mí, si usted muere hoy, sus amistades y familiares encontraran la manera de hacerlo sin usted.

*Ayuno de 40 Días De Rendición*

Por lo tanto, le suplico que le entregue tiempo a Dios y sea totalmente dependiente de Él. De la misma manera, asegúrese que los próximos 30 días sean productivos en Él. Es en Su presencia que usted encontrará la plenitud de gozo y descanso para su alma.

**Reflexiones Personales**

1. Como le está hablando el Espíritu a usted? Reflexione sobre Marcos 6:30-32 y escriba sus ideas.

2. Basado en la definición de la Doctora Celeste, ¿está usted principalmente ocupado o principalmente productivo? Si usted es propenso a estar ocupado ¿qué dice usted que lo lleva a ese comportamiento y le motiva a seguir un patrón de ocupado? ¿Sin embargo, si usted es mayormente productivo ¿qué garantías ha puesto usted en el lugar para mantener este modo de vida equilibrado?

3. ¿Cuándo usted está ocupado por estar ocupado, como el orgullo conduce su comportamiento?

4. ¿Está usted descansando lo suficiente? ¿Si no, qué hará usted para que esto sea una parte regular de su renovación diaria?

5. ¿Qué actividades o circunstancias el Espíritu Santo le insta a eliminar? Hay algunas relaciones que usted tiene que cortar? ¿Obedecerá usted el liderazgo de Él? Por qué o por qué no?

DÍA 11
# Peculiar Soy yo

*Más vosotros sois linaje escogido,
real sacerdocio, nación santa, pueblo
adquirido por Dios, para que anunciéis
las virtudes de aquel que os llamó de las
tinieblas a su luz admirable.*
(1 Pedro 2:9, RV)

Yo soy diferente; siempre lo he sido. En la escuela primaria mis padres se hicieron miembros de la iglesia Pentecostal que tenía ciertas reglas. Una regla consistía en que las mujeres no podían llevar pantalones. Entonces use faldas desde la guardería hasta la escuela secundaria. En Búfalo, Nueva York, una ciudad conocida por sus inviernos terribles, mi comportamiento era extraño.

En la universidad, quise desesperadamente encajar; ser "normal". Como la mayor parte de mis amigos decían malas palabras pensé que yo lo intentaría, pero cuando lo hice ellos me pidieron que parara. Un amigo declaró que yo le había dañado sus oídos. Qué lástima, yo ni podía maldecir correctamente.

No soy una persona de medicamentos porque nos enseñaron en la iglesia Pentecostal a orarle a Dios por nuestra sanidad. La primera vez que nuestro hijo se enfermo, ore por su saneamiento y seguí con mis negocio. ¿Unas horas más tarde mi esposo me preguntó, " Qué le diste para la fiebre?" Contesté, "ore". Yo me vi extraña.

Siempre me han dicho que corro de una manera graciosa. Un día mi hija de tres años Aaliyah me desafió a una carrera al buzón. Salimos. Aaliyah, llena de gracia y elegante, parecía una velocista. Yo, en mi estilo de pies planos, estilo de paloma de trote, me veía, pues diferente. A lo que corríamos escuche el acercamiento de un auto (coche), yo podía oírlos decir, "ella corre de manera graciosa". ¿Qué más es nuevo? Soy diferente...y me atrevo a apostar que usted también lo es.

Pero eso está bien porque ser diferente es bueno y nos pone en buena compañía. Jesús, la persona más grandiosa que con su gracia embelleció esta tierra, también era diferente. ¿Él nació de una virgen, vivió en el lado equivocado de las vias (a alguien se le escucho decir, " ¿Puede algo bueno salir de Nazaret? "), carecía de educación formal, comió con pecadores, sanaba los sábados, y murió para darnos vida. Ahora si eso no es diferente, no sé qué lo es. ¡Sin embargo, si Él abrazó Su identidad única, también nosotros lo podemos hacer! Somos sacerdocio real, pueblo adquirido apartado para hacer algo grande en Dios.

Dios lo está preparando para la siguiente fase en Él, pero usted primero debe aceptar "el yo" que Él le ha llamado a ser.

No importa lo que otros hayan dicho o piensen de usted, mientras usted complazca a Dios, es todo lo que importa.

Recuerde que Él lo ama a usted y a mí—con peculiaridades y todo—tal como somos.

## Reflexiones Personales

1. ¿Cómo le habla el Espíritu? Reflexione sobre Pedro 2:4-10 y escriba sus ideas.

2. ¿Puede usted relacionarse con el sentimiento de la Doctora Celeste sobre ser diferente? Si es así, ¿de qué manera es usted diferente? ¿Está usted bien con esto?

3. ¿Qué personalidad o rasgos de carácter encuentra usted que son mas difíciles de aceptar?




4. ¿De qué manera podría ser diferente influir positivamente en su capacidad para cumplir con el llamado que Dios tiene en su vida?

5. Tenemos el poder de hablar vida. ¿Identifique al menos a una persona que usted pueda animar que esté luchando con ser diferente? ¿Qué le diría usted para animarle a él/ella? ¿Qué parte de su testimonio podría usted compartir que le ayudaría a ellos a abrazar su singularidad?

DÍA 12

# Amigos de Dios

*Yo amo á los que me aman; Y me hallan los que madrugando me buscan.*
(Proverbios 8:17)

Ayer tuve que hacer una decisión importante. Debo o no debo seguir escribiendo para una revista en particular. Oré al respecto y sentí la respuesta de Dios, pero todavía necesitaba confirmación, así que llamé a mi compañera de oración. Hablamos, y al final de una muy breve conversación ella declaró, "Tú tenías la respuesta todo el tiempo." Cuan verdaderas eran sus palabras; yo tenía la respuesta todo el tiempo. Yo había orado, Dios había contestado y yo aún estaba dudosa.

Quizás algunos de ustedes han tenido una experiencia similar; dudando que usted había escuchado de Dios cuando en verdad usted lo escuchó. O tal vez usted tiene el hábito de buscar consejo de otros sin primero buscar el rostro de Dios. Cualquiera que sea el caso, Proverbios 8:17 ofrece una idea. Vamos a analizarlo:

*Amo a los que me aman.*

La palabra "amor" aquí viene de la palabra hebrea ahab que quiere decir amar como un amigo o aliado. Desde luego que sabemos del amor ágape (incondicional) de Dios pero para que Él nos ame como amigo es un beneficio añadido. Tómese un momento para pensar en sus amistades terrenales. ¿Qué cualidades esenciales caracterizan una buena amistad? ¿Es la calidad del tiempo, conversación no censurada, y/o la confianza de que puede contar con la persona? Entonces debe de ser lo mismo con su amistad con Dios. Él no quiere ser solamente su plan de recate o el que usted llama cuando toda otra esperanza está perdida. No, Él desea ser su amigo y estar conectado con usted de un modo significativo.

*Los que me buscan temprano con diligencia me hallarán.*

Una relación significativa con Dios incluye la búsqueda de Su consejo primero, no solamente cuando usted está en problemas. ¿No se molesta cuando un amigo sólo viene a usted cuando él/ella está en necesidad? En algún momento usted podría pensar distanciarse de él/ella. ¿Pero cuántas veces hemos buscado a Dios al final de un asunto, cuando toda la esperanza (humana) se ha ido? Mi amigo no debería ser así. Nosotros deberíamos estar en una postura de dependencia total en Él, buscándolo temprano para cada situación. ¡No sólo temprano por la mañana pero al principio del drama!

Por lo tanto, haga que Dios sea su prioridad; busque Su rostro, desee Su presencia, y hágase Su amigo. Su palabra promete, " Entonces invocarás, y te oirá Jehová; clamarás, y dirá él: "¡Heme aquí!" (Isaías 58:9a)

¡Qué promesa increíble de nuestro amigo! Él escucha nuestra oración y responderá-y a partir de ahora voy a confiar en Su respuesta.

**Reflexiones Personales**

1. ¿Cómo le habla el Espíritu? Refleje sobre Proverbios 8:17 y escriba sus ideas.

2. ¿Cuál es su primera reacción cuando tiene un dilema? ¿Primero habla usted con la familia y amigos y luego va a Dios o va a Dios primero?

3. Dios nos habla de manera diferente, pero Él a menudo puede ser oído como un silbo apacible y delicado que le habla a nuestro espíritu. ¿Ha aprendido usted a oír la voz de Dios por usted mismo?

4. ¿Cómo sabe usted cuando Él le habla? ¿Además de un silbo apacible y delicado de qué otra manera Él le puede hablar?

5. ¿Se considera usted amigo de Dios? ¿Qué pasos tomará usted para acercarse aún más a Él?

DÍA 13

## Tiempo personal con Dios

Sagrada Escritura

¿Cómo es que el Espíritu os habla?

DÍA 14
# Tiempo personal con Dios

Sagrada Escritura

¿Cómo es que el Espíritu os habla?

## DÍA 15
## ¡Yo Declaro La Guerra!

*Porque no tenemos lucha contra sangre y carne,*
*sino contra principados, contra potestades,*
*contra los gobernadores*
*de las tinieblas de este mundo,*
*contra huestes espirituales*
*de maldad en las regiones celestes.*
(Efesios 6:12)

Al levantarme de mis rodillas esta mañana, el Espíritu Santo me dirigió a escribir sobre la guerra espiritual. Yo no sabía que iba a tener que experimentar antes de que pudiera publicar en este blog!

De todas las cosas que podrían pasar mientras escribía, perder la conexión del Internet es probablemente una de las peores. Bien, eso fue exactamente lo que sucedió, pasé más de una hora arrancando, reanudando, chequeando los cables, y haciendo clic en las teclas sin tener éxito.

Quise ceder ante la frustración, pero hice que mis emociones hicieran lo opuesto a mi naturaleza. Así, con una calma exterior procedí con mi rutina de la mañana: vestir a los niños, dejarlos en la escuela-todo el tiempo orando que Dios reprendiera al enemigo de esta situación. Con agradecimiento, Él lo hizo y finalmente fui capaz de publicar este blog.

¿De que se trato todo esto se preguntará? Es sobre el enemigo que no está contento con lo que Dios está haciendo; tratando de frustrar la situación para que yo me rinda. Pero tomará mucho más que esto para que yo abandone el plan que Dios tiene para usted y para mí.

Usted puede estar experimentando frustraciones similares. Tómese un momento para pensar en lo que ha entregado a Dios. ¿El viaje ha sido fácil o difícil? Yo sospecho que estas dos últimas semanas han sido bastante exigentes.

Tal vez usted ha entregado el temor a Dios, sin embargo, cada situación temerosa que puede pasar sucede; tal vez usted está vigilando sus palabras, pero la gente y las circunstancias le exasperan más allá de lo que creía posible; o quizás usted ha comprometido sus mañanas a Dios pero su despertador no funcionó. Yo podría continuar, pero pienso que se lo magina: hay una batalla que continúa y estamos en el medio.

No se sorprenda cuando todo lo qué podría ir mal, va. El enemigo, en su frustración con usted, ha declarado la guerra total, pero anímese. La Escritura nos recuerda que, " Mayor es Él que está en mí que Él que está en el mundo" (1 Juan 4:4). Por consiguiente usted tiene la autoridad sobre el enemigo y él tiene que conformarse a sus órdenes.

Los militares tienen un código que ellos usan cuando están en alerta máxima. Es un código rojo. Los próximos 25 días estamos en alerta máxima. ¡Suena la alarma, hay una guerra en marcha, pero con Dios de nuestro lado vamos a ganar!

**Estos son los instrumentos que usted necesita para combatir todo lo que el enemigo envía a su camino:**

1. *La Palabra* — medita sobre ella de día y de noche. Comprométase a memorizar la escritura (s) que habla a su situación.

2. *Oración* — una comunicación activa con Dios fortalecerá su relación con Él y le permitirá sentir Su gracia a medida que Él le lleva por estas circunstancias difíciles.

3. *El Apoyo Espiritual* — una forma de apoyo espiritual viene de este blog. Sin embargo, otras fuentes de apoyo podrían venir de su esposo, familiares, amigos, y/o compañero(s) de oración.

4. *El autocontrol* — el enemigo no está interesado en su comodidad. Él seguirá atacándolo aunque usted este frustrado, enfadado y/o lloroso. Cueste lo que cueste, su mente debe de estar sometida al Espíritu Santo. Sea un buen soldado y resista hasta el fin.

No tome las tácticas de Satanás acostado; póngase de rodillas y ejerza la autoridad que Cristo le ha dado. Diga con con gran poder, "lo reprendo en el nombre de Jesús " y él huirá (ver Santiago 4:7).

Dios puso una canción en mi corazón esta mañana por Wes Morgan. Cuando entré en mi coche estaba tocando en la radio (¿no le gusta a usted cuando Dios hace eso?). La letra dice, "Él me está sanando...lo voy a adorar." Alégrese hoy, ya que Dios esta enderezando todo lugar torcido. Él hace un camino en lo inhabitado y ríos en el desierto.

Sin embargo, el enemigo está disgustado, Así que ármese. ¡Hay guerra y con Dios ganaremos!

## Reflexiones Personales

1. ¿Cómo le habla el Espíritu? Refleje sobre Efesios 6:10-12 y escriba sus ideas.

2. La guerra espiritual es verdadera. El enemigo está determinado en desalentarle de completar este ayuno. ¿De qué maneras él ha desafiado su fe? ¿Qué salvaguardas ha puesto o pondrá usted en su lugar para asegurar su éxito en terminar este ayuno?

3. Siempre ayuda el recordar victorias pasadas. ¿Ha habido otras ocasiones en que se sintió como si estuviera en una guerra o una batalla espiritual? ¿Cuál fue el resultado? ¿Qué hizo usted para estar fortalecido?

4. Lo que creemos es a menudo evidente en la forma en que nos comportamos. Más temprano la Dra. Celeste mencionó lo importante que es exhibir dominio propio, especialmente cuando se refiere al control de sus emociones. ¿Cómo se está comportando durante el ayuno? ¿Está refunfuñando y quejándose o confiado y positivo?

5. ¿De todo corazón cree que Dios le ha dado poder sobre el enemigo? En caso afirmativo, ¿sus pensamientos y conductas reflejan un corazón de fe?

DÍA 16

## Superhumano

*Mas los que esperan en Jehová
tendrán nuevas fuerzas,
levantarán alas como las águilas,
correrán y no se cansarán,
caminarán y no se fatigarán.*
(Isaías 40:31)

El otro día estaba viendo súper humanos de Stan Lee en el Canal de Historia. El título es auto-descriptivo. Cada episodio destaca a la gente que hace hazañas asombrosas que desafían la naturaleza. El espectáculo en particular que miré presentó a un caballero que podía correr y nunca cansarse. El científico del espectáculo pronto descubrió por qué. El ácido láctico, la sustancia química liberada en el cuerpo durante el ejercicio vigoroso que conduce a la fatiga, permaneció en niveles bajos en su cuerpo en todo momento. Por esta razón, él fue considerado un superhombre.

La fuerza de este hombre expuesta en su cuerpo natural es similar a la fuerza que nosotros, que estamos en Cristo, podemos acceder en el espíritu. En Dios somos sobre humanos. Su palabra confirma esta verdad. El profeta Isaías escribió que correremos y no nos cansaremos, caminaremos y no nos fatigaremos.

Una manera en que una fuerza sobre humana es adquirida es por medio del proceso de espera. "¿Qué? Se preguntará. ¿Simplemente esperando?" Confié en mí, no hay nada simple en esperar; desafía nuestra naturaleza. La carne lo quiere todo ahora mismo, en este instante. Es más, está dicho que para cualquier cosa que vale la pena tener, vale la pena esperar, y sin duda para las bendiciones de Dios vale la pena esperar.

Recuerdo el día que fui aceptada a la Universidad de Pittsburgh para el programa de doctorado de ellos. Yo estaba súper entusiasmada. La llamada telefónica del miembro de la facultad comenzó bien, pero pronto tomó un giro amargo cuando él compartió conmigo que el programa no tenía los fondos para permitirme asistir gratis (eso había sido una de mis estipulaciones). Me decepcioné pero no estaba dispuesta a comprometerme porque Dios me había dicho que Él totalmente financiaría esta parte de mi educación. Entonces con audacia le dije que yo tendría que rechazar la admisión a no ser que ellos me encontraran el financiamiento. Entonces esperé.

El esperar no fue fácil. Varias veces estuve tentada de

llamarlos y aceptar la oferta sin el financiamiento. Pero cada vez que me sentía así, oraba, y Dios renovó mis fuerzas. Tres semanas más tarde recibí la llamada telefónica que yo había estado esperando. ¡Ellos habían encontrado suficiente dinero para el financiamiento completo de mi doctorado! Como confié en las promesas de Dios y esperé, fui recompensada.

Deje de tratar de hacer que las cosas pasen con su propia fuerza. Si Dios lo dijo Él lo hará. Isaías 55:11 dice, "así será mi palabra que sale de mi boca: no volverá a mí vacía, sino que hará lo que yo quiero y será prosperada en aquello para lo cual la envié.

Si usted está esperando en Dios por una promoción...espere; un esposo...espere; nuevo trabajo...espere; aceptación a un programa...espere. Aunque todo a su alrededor se está derrumbando y las cosas no esté sucediendo como usted lo planeó, Él está en control y lo hará a su debido tiempo.

Así mismo manifiesto que, también, puede ser súper humano si simplemente espera en Dios y deja que Su poder sobrenatural obre en su vida.

## Reflexiones Personales

1. ¿Cómo le habla el Espíritu? Refleje sobre Isaías 40:26-31 y escriba sus ideas.

2. ¿Cómo es usted en la espera? ¿Quiere usted todo ahora mismo o ha aprendido a esperar a Dios? ¿De qué manera puede mejorar su actitud durante su tiempo de espera?

3. ¿Qué espera usted que el Señor haga en su vida? ¿Cuánto tiempo ha estado esperando usted? ¿Qué es lo más difícil de la espera? ¿Confía usted en Dios que haga por usted lo que Él dijo que hará?

4. ¿Al igual que la Doctora Celeste, alguna vez ha recibido noticias sobre una situación que era contraria a la palabra que Dios le había dado? ¿Qué hizo usted? ¿Se comprometió o esperó? ¿Cuál fue el resultado?

DÍA 17

## El Dios En Mí

*Y estuvo el Arca de Jehová en casa de Obed-edom,
el geteo, tres meses;
y bendijo Jehová a Obed-edom y a toda su casa.*
(II Samuel 6:11)

Alguna vez se ha preguntado ¿por qué usted está dónde está? ¿Por qué Dios le ha colocado en un cierto trabajo, iglesia, grupo de comunidad, escuela, hasta en la familia? Yo si me he preguntado.

Recuerdo una vez que trabajé en un trabajo que odiaba. Me sentía muy mal y me aseguré de que Dios (e incluso aquellos con quien trabajaba) lo supieran. Ore para que Él me moviera pero mis oraciones parecieron caer en oídos sordos. Lo que yo no entendí entonces, fue que Dios tenía un plan. Él me necesitaba allí y Él no iba a moverme hasta que Sus proyectos fuesen realizados.

Desde entonces he aprendido a reconocer la mano soberana de Dios en todas mis situaciones. Una historia que me recuerda de la importancia de hacer lo que se dice en II

Samuel 6. Como la historia lo dice, David y los hijos de Israel habían estado en el proceso de transportar el arca de Dios a la ciudad de Jerusalén cuando la tragedia golpeó. Uno de los suyos, Uzzah, fue matado por Dios cuando él tocó el arca. David, profundamente molesto por lo ocurrido, abortó la misión de transporte. Él entonces dejó el arca en la casa de Obed-Edom, el hermano del difunto.

Sólo puedo imaginarme el "encanto" que Obed-Edom's debió de tener al tener el arca que había matado a su hermano, en su casa. Él se pudo haber preguntado si él afrontaría el mismo destino o él pudo haber tenido muchas ganas de librarse de la obligación de almacenar el arca. Sin embargo, Dios no movería el arca hasta que Él estuviera listo. Lo que Obed-Edom no se dio cuenta fue que la presencia de Dios siempre trae bendiciones. Durante los tres meses que el arca estuvo con Obed-Edom, él y su casa entera fueron bendecidos.

Esta historia tiene enormes implicaciones de cómo vamos a enfrentar la vida hoy. Al igual que Obed-Edom, seremos llamados a temporadas que no queremos o como el arca ser colocado en situaciones donde somos no deseados. También habrá veces cuando nosotros seremos despreciados y rechazados debido a que Dios está en nosotros. Sin embargo, si mantenemos la fe y la confianza en el plan de Dios, aquellos alrededor de nosotros serán bendecidos. No porque somos buenos, pero porque la presencia de Dios reside en nosotros. Su palabra dice, "donde está el Espíritu del Señor, allí hay libertad". (2 Corintios 3:17, NKJV). Por lo tanto, aquellos que están en contacto directo con nosotros deben de sentir Su presencia y hallar descanso.

A la luz de esta verdad, deje de luchar contra el plan de Dios y de quejarse de su situación en la vida. Usted no puede entenderlo todo ahora, pero Él sí, entonces confié que Él tiene un plan y trabajará para su bien. Si usted está dispuesto a soportar un poco de incomodidad por una temporada, otros tendrán la gran oportunidad de ver a Dios en usted y ser bendecidos sin medida.

## Reflexiones Personales

1. ¿Cómo le habla el Espíritu? Reflexione sobre II Samuel 6:11 y escriba sus ideas.




2. ¿Ha estado o está usted ahora en un lugar dónde usted preferiría no estar? Explique su situación.

3. ¿Si usted está en una situación difícil ahora, representa usted a Dios bien?

4. ¿Otros están siendo bendecidos porque usted está en su presencia? ¿Pueden ellos ver el amor de Dios que radia en usted? ¿Si no, qué hará usted para ser una mejor representación de Dios?

DÍA 18

## Las Llaves Para Buenas Relaciones

*¡Mirad cuán bueno y cuán delicioso es*
*que habiten los hermanos juntos en armonía!*
(Salmos 133:1)

A menos que usted viva en una isla desierta, se encuentra en relación con al menos otra persona. Para algunos esto es fácil-él/ella encuentra libertad al estar en relación con los demás-mientras que para otros, las relaciones son un reto para decir lo menos.

Dios enfatiza varias veces en la Escritura la importancia de estar en unidad con los demás. Él sabe que una vida sana vibrante depende de la calidad de nuestras relaciones. La investigación indica que esto es sobre todo cierto en las mujeres; el amor lo es todo en la vida de una mujer. Para ella, la falta de una relación sana, vibrante puede conducir a la depresión, la ansiedad y otros problemas psicológicos. Este hecho de la vida confirma que Dios nos diseñó para estar en relaciones sanas y vivir juntos en unidad. Vamos a hablar de dos modos de mantener la unidad:

1. Resolver conflictos sin envolver a un tercero (cuando sea posible). Creo que la mayor parte de los conflictos en relaciones pueden ser resueltos al ir directamente a la persona con quien usted está en conflicto. La Biblia confirma que éste es el mejor primer paso para resolver el conflicto. Mateo 18:15a dice, Por tanto, si tu hermano peca contra ti, ve y repréndelo estando tú y él solos."

    a. ¿Cuántas veces has estado en conflicto con alguien y en vez de ir a la fuente de tu conflicto usted implica a otra persona (quien por lo general no tiene nada que ver con el problema o la solución)?. En el campo de psicología llaman a esto la triangulación. Por ejemplo, un esposo y la esposa que tienen problemas "triángulo" en su hijo; dos compañeros de trabajo se comunican de manera ineficaz por lo que uno o ambos "triángulo" en un tercer compañero de trabajo. Esta técnica puede aliviar la ansiedad por un corto plazo, pero esto es un modo cobarde de resolver conflictos.

    b. La resolución verdadera requiere calmar sus temores (por ejemplo, Si enfrento a la persona ellos no gustarán más de mí, o si los enfrento ellos pensarán mal de mí.). El miedo es un poderoso desmotivador por lo que si usted va a tener éxito en relaciones y morar en unidad, el temor no puede ser una parte de su proceso de resolución.

2. Abandonar la necesidad de tener la razón todo el tiempo.

¿Tengo que decir más? Usted no está siempre en lo correcto. Es humano ponernos en la mejor luz; sin embargo, la necesidad de tener la razón todo el tiempo es un signo de inseguridad.

Le animo a contemplar la idea de que alguien más podría saber algo que usted no sabe. Yo sé que esto suena inverosímil, pero pruébelo. Usted podría comprarse alguna unidad y algunas amistades adicionales. A nadie le gusta un sábelo-todo, pero todo el mundo es atraído a la vulnerabilidad y a un espíritu enseñable.

Finalmente, tome la decisión hoy de vivir juntos en unidad en todas sus relaciones; esto le será muy útil. Si usted tiene una relación que necesita repararse, pídale al Espíritu Santo que le de las palabras para hablar de modo que el conflicto sea resuelto. Si sus esfuerzos no funcionan y usted cree que vale la pena salvar la relación, encuentre una tercera persona "neutral" para ayudarle a los dos a resolver su conflicto. Valdrá la pena el esfuerzo porque el obedecer la palabra de Dios en este caso le permitirá cosechar los beneficios (por ejemplo, la paz, la alegría, etc.) de vivir en relaciones en paz y armonía.

## Reflexiones Personales

1. ¿Cómo le habla el Espíritu? Refleje sobre el Salmo 133 y escriba sus ideas.

2. ¿Cómo usted califica la calidad de sus relaciones? ¿Ellas son sanas y prósperas o desafiantes y llenas de conflicto? ¿Qué puede usted hacer para mejorar sus relaciones?

3. ¿Es una o varias de sus relaciones tensas? ¿Qué causó la tensión y como jugó usted una parte en todos esto? ¿Qué hará usted para arreglarlo?

4. En última instancia la calidad de nuestras relaciones es un reflejo de la relación que tenemos con Dios. ¿Cómo es su relación con Dios? ¿Está sacando el tiempo para buscarlo?

5. Si no se ama a sí mismo, es casi imposible amar a alguien más. ¿Cómo se siente acerca de usted? ¿Hay algunos temas no resueltos que usted necesita hacerle frente? ¿Dónde va a empezar? Hable con su compañero de la responsabilidad acerca de lo que el espíritu está revelando a usted de sí mismo.

DÍA 19

# Todavía Me Rindo

*Ellos lo han vencido*
*por medio de la sangre del Cordero*
*y de la palabra del testimonio de ellos.*
(Apocalipsis 12:11a)

Estamos casi en el 50% del camino. ¿Cómo le está yendo? Mi experiencia con este ayuno me da una idea de donde usted puede estar en el proceso. Ahora en estos momentos, si usted ha entregado su todo a este ayuno, la entrega puede parecer abrumadora. Por ejemplo, si usted rindió "el temor", usted puede sentirse consumido por ello; si "el control", todo puede estar deshaciéndose; o si " el pasar más tiempo con sus niños", cada distracción que puede venir ha venido.

Para hacer el asunto peor, el enemigo probablemente le bombardea con pensamientos negativos y circunstancias que él pueda obtener para conseguir que usted abandone el ayuno o empiece de nuevo-pero no. Persista en la presión; usted está casi en la línea final. Le aseguro que alrededor del Día 28, o poco tiempo después, usted comenzará a sentir una liberación. Así que aguante.

Mañana tendré mi próximo gran momento audaz y valiente. Le hablare a un grupo de niñas de 9-12 grado en una conferencia de mujeres con más de 4,000 participantes. ¿Porque esto es tan desafiante? Se preguntará. Todo. Permítame testificar para que yo pueda vencer con mis palabras.

Primero, soy tímida alrededor de grupos grandes de mujeres. En segundo lugar, Dios me ha dado instrucciones de asistir a la conferencia sin llevar maquillaje (específicamente la base). Usted tendría que conocer mi historia para entender como las mujeres y el maquillaje van juntos.

En pocas palabras, como adolescente no fui aceptada por las chicas que yo pensaba que me importaban. Como resultado, concluí que algo estaba mal conmigo. Yo era muy diferente: No hablaba o pensaba como las otras chicas, llevaba faldas todo el tiempo, y tenía acné. Por lo tanto, como una adulta trabajé duro en proyectar la imagen perfecta. Así empezó mi historia de amor con el maquillaje.

Oh, sí, ha sido una historia de amor. De hecho, Dios me dijo que era un ídolo. . Por tanto, Él sugirió en junio del 2010 que yo me presentara en la Conferencia Regional de la mujer virtuosa en Búfalo, Nueva York sin maquillaje. Luché contra Dios en su sugerencia pero Él sabía tan bien como yo, que iba a ganar, porque lo amo y confió en El, y (casi) siempre cumplo con sus peticiones.

Desde esa conferencia no he vuelto a usar base de maquillaje. No es que sea malo, solamente malo para mí ahora mismo. En cuanto ellos anunciaron que yo sería uno de los oradores en la Conferencia de Mujeres de la Primera Iglesia Bautista de Glenarden, yo tuve pánico. ¿Yo y 4,000 mujeres extrañas que podrían rechazarme? De ninguna manera. Yo definitivamente tendría que ordenar alguna base, pensé. Al instante el Espíritu Santo lo prohibió. Literalmente argumentamos, pero con lágrimas que corrían por mi cara decidí obedecer. Yo no llevaría base a la conferencia.

Eso puede parecer sin importancia para usted, pero para mí es importante, audaz y valiente, y loco. Pero estoy de acuerdo con eso, porque al final de este ayuno valdrá la pena. Obtendré el premio final: la libertad de cada pensamiento y del patrón de vida que me impide vivir una vida victoriosa. Ahora, mi amigo, bien vale la pena pelear.

Su rendición es igual de importante. Usted será el vencedor sino desmaya. Esta casi en la línea final, asegúrese de llevarlo a cabo hasta el fin.

## Reflexiones Personales

1. ¿Cómo le habla el Espíritu? Reflexione sobre la Apocalipsis 12:11a y escriba sus ideas.

2. ¿Ha sido tentado a abandonar este ayuno? ¿Cómo cree que su rendición continua le beneficiará a largo plazo?

3. Todos hemos tenido luchas. Qué retos de la infancia influyen en el modo que usted funciona como un adulto.

4. A veces es vergonzoso compartir con otra persona con lo que estamos luchando, pero la escritura nos dice que nosotros vencemos con las palabras de nuestro testimonio. Comparta con su compañero de responsabilidad u otro amigo cercano uno de sus desafíos actuales. ¿Cuán difícil será eso? ¿Cómo cree que le ayudará?

DÍA 20
## Tiempo personal con Dios

Sagrada Escritura

¿Cómo es que el Espíritu os habla?

DÍA 21
# Tiempo personal con Dios

Sagrada Escritura

¿Cómo es que el Espíritu os habla?

DÍA 22

# Reviva Tus Sueños

*Porque de las muchas ocupaciones vienen los sueños, y de la multitud de palabras la voz del necio.*

(Eclesiastés 5:3)

Como se mencionó en las escrituras anteriores, yo tuve el placer de ministrarle a las niñas del grado 9 al 12 en la Conferencia de Mujeres de la Primera Iglesia Bautista de Glenarden el fin de semana pasado. ¡Qué tiempo de bendición tuvimos nosotras en el Señor! La agenda de Dios fue clara: las niñas deben de soñar en grande, sueños audaces, y siempre recordar que Él no olvida. Les recordó que cuando Él planta un sueño en el corazón, sucederá. La verdad es confirmada en Habacuc 2:2-3.
»Jehová me respondió y dijo:

"Escribe la visión, grábala en tablas,
para que pueda leerse de corrido.
[3] Aunque la visión tarda en cumplirse,
se cumplirá a su tiempo, no fallará.

Aunque tarde, espérala,
porque sin duda vendrá, no tardará."

En el 7o grado, Dios plantó un sueño en mi corazón durante el cuarto periodo de estudio. Hojeando la microficha en la biblioteca me encontré con un artículo sobre un niño que fue asesinado por su madre. La historia turbó profundamente mi espíritu y fue en ese instante que Dios me rebelo parte de Su plan para mi vida. Supe entonces que yo sería una psicóloga.

El camino hacia aquel sueño fue difícil. Tuve que luchar por el financiamiento de la universidad, aguantar los prejuicios, y vivir pobremente. Sin embargo, Su plan para mi vida se cumplió en el 2002 cuando obtuve mi doctorado. Ahora soy una psicóloga.

Durante los años, Dios ha plantado muchos otros sueños en mi corazón. Unos han llegado a pasar mientras que otros se han tardado. ¿Estoy preocupada? No en absoluto. Ellos también se cumplirán si espero en el Señor.

¿Cuales son los sueños Dios ha puesto en usted? Bueno, ahora es el momento de quitarles el polvo, volver a ponerlos en su agenda y perseguirlos como Dios le guíe. No esté demasiado preocupado con los detalles. Les Brown un orador motivacional, dijo "el cómo no es asunto suyo." Confía en que Dios tiene eso bajo su manejó y Él proporcionará los medios.

Todo lo que Él necesita de usted es su voluntad de cumplir con todos Sus órdenes.

Las investigaciones indican que los que escriben sus sueños son mucho más propensos a perseguirlos y alcanzarlos, que los que no lo hacen. Por lo tanto, le animo a escribir todos y cada uno de sus sueños hoy. Entonces colóquelos en un lugar donde usted pueda verlos en la ejecución o cuando usted realiza sus actividades diarias. Déjelas ser un recuerdo constante de lo que Dios ha prometido. Nunca es demasiado tarde…aunque la visión se demora es sólo por un rato, Él lo hará tal como Él lo dijo.

Permítame darle unas breves palabras de precaución. Asegúrese que los sueños que usted persigue son de Dios y no suyos. Nuestra carne puede ponerse en el camino y animarnos a perseguir un sueño que no es parte del plan de Dios para nuestras vidas. Si usted está inseguro, órele a Dios por sabiduría. Luego pídale confirmación de Su verdad ya sea a través de Su palabra y/o personas piadosas. Cuando el sueño es confirmado, crea que va a suceder no importa lo que la vida ponga en su camino.

Finalmente, aunque un sueño venga con mucho esfuerzo doloroso, la búsqueda de un sueño de Dios bien vale la pena. Anímense mis hermanas y hermanos. Dios no ha terminado con ustedes aún y los sueños de Él se cumplirán!

## Reflexiones Personales

1. ¿Cómo le habla el Espíritu? Reflexione sobre Eclesiastés 5:3 y Habacuc 2: 2-4 y escriba sus ideas.

2. ¿Cuáles son sus sueños? Escríbalos aquí o en otra hoja de papel. ¿Está usted en el camino de hacerlos realidad? ¿Si no, qué lo detiene?

3. Repase su lista de sueños. Escoja un sueño y escriba pasos específicos que usted tiene que tomar para hacer que este sueño se haga una realidad. Por ejemplo: Quiero ser un Técnico Quirúrgico

El paso 1 - Investigar las cualificaciones necesarias para ser un técnico quirúrgico.

El paso 2 - Hablar con un técnico quirúrgico para conseguir su opinión sobre el campo.

El paso 3 - Aplicar a las escuelas.

Haga esto con cada uno de sus sueños. Escriba los pasos que usted tiene que seguir a continuación.
4. Por muchos motivos diferentes, la gente tiene temor de decirle a otros sus sueños. No deje que usted sea así. Elija

uno de los sueños que usted enumeró en la pregunta 2. Cuéntale a su compañero de responsabilidad o a un amigo cercano aquel sueño. ¿Cómo se sintió al decírselo a alguien más? ¿Cómo respondieron ellos?

## DÍA 23

# Su Gran Logro Está Por Llegar

*Pero volviendo él a meter la mano,
salió su hermano; y ella dijo:
"¡Cómo te has abierto paso!" Por eso lo llamó Fares.*
(Génesis 38:29)

Hay una historia en la Biblia que me ha fascinado durante muchos años. Esta viene de un capítulo en el libro de Génesis. Yo no lo había leído en mucho tiempo, pero esta mañana Dios me habló "Génesis 38." Francamente yo no podía recordar de lo que se trataba Génesis 38, pero cuando abrí mi Biblia a este paso de la Escritura, yo supe. Esta era la historia del gran logro.

Génesis 38 presenta a Judá, hijo de Jacob y hermano a José. Según cuenta la historia, Judá y sus otros hermanos eran muy celosos de José debido al amor que Jacob tenía por su hijo. El odio hacia José los condujo a trazar un plan para librarse de él. Por consiguiente, él fue vendido como esclavo.

Poco después de este acontecimiento, Judá se marchó de casa y se movió con su amigo Hira en Adulam. Allí, Judá encontró a una mujer, la tomó como esposa, y ella le dio 3 hijos: Er, Onán, y Sela. Cuando su hijo mayor Er era mayor de edad se casó con Tamar. Lamentablemente, Er era malo ante los ojos del Señor y Él lo mató.

Su muerte dejó a Tamar viuda, pero no realmente. Según su costumbre, Onán, el segundo hijo debía tomar a Tamar como su esposa y criar los hijos de su hermano. Onán, "no estando a gusto" con su destino, previno la concepción. Esto disgustó al Señor, por lo que Él lo mató.

Pobre Tamar. Dos maridos muertos y todavía ningún heredero. Pero había una última esperanza: Sela. En consecuencia Judá instruyó a Tamar que permaneciera viuda en la casa de su padre hasta que Sela llegara a la mayoría de edad. Desafortunadamente, Judá lo había decidido en su corazón, considerando la mala suerte de Tamar, que nunca tendría este hijo y que su destino estaba marcado... o así lo pensó. Pero él había subestimado a Tamar. Ella no iba a tomar este curso de acción de abandonar la idea, ella tenía un plan.

Cuando Tamar se enteró de que Judá estaba de visita en Timnat para trasquilar sus ovejas, ella fingió ser una ramera. Judá mordió el anzuelo, y posteriormente, la embarazó. Algunos meses más tarde, cuando se enteró de su embarazo, ordenó que la apedrearan. Sin embargo, cuando Tamar le pudo probar que él era el padre, él le proclamo a los que estaban escuchando, "Ella ha sido más justa que yo, por cuanto no la he dado a Sela mi hijo."

Wow, reivindicación total. Pero la historia no se termina allí. La "Estrategia de poder" de Tamar la llevó a la sala de la genealogía de la fama. El hijo que ella dio a luz, irónicamente llamado Fares que significa gran avance, continúa la línea mesiánica hasta el tiempo de David, y en última instancia a Jesús. Mateo 1:3a dice, " Judá engendró a Fares y a Zara por Tamar".

¡Qué increíble giro de los acontecimientos. ¡Esta mujer, que tuvo que pretender ser una ramera para conseguir que su suegro obrara bien con ella, da a luz a un niño que es un descendiente de nuestro Señor y Salvador! Qué reaparición.

Al igual que Tamar, todos hemos sido heridos por otras personas o hemos sido víctimas de situaciones que estaban fuera de nuestro control. Sin embargo, su historia demuestra la importancia de permitirle a Dios resolver las cosas. Desde luego, no hay que tomar las tácticas del enemigo de abandonarnos a la suerte. El desaliento, el temor, la duda, y la culpa son de él, pero con el poder de Dios obrando en nosotros, podemos hacer algo respecto a nuestras situaciones marchitas y cambiar el curso de nuestras vidas.

Usted puede haber sido descartado, pero no tiene que ser su destino. Usted está adentro y no a fuera, es el vencedor y no el vencido, la cabeza y no la cola, encima y no abajo (véase Deuteronomio 28). En el nombre de Jesús el gran logro llega y está destinado a llegar dentro de los 17 días siguientes. Permanezca fuerte en su fe, confíe en Dios y mírelo orquestar una reaparición que le dará a Él toda la gloria.

*Ayuno de 40 Días De Rendición*

**Reflexiones Personales**

1. ¿Cómo le habla el Espíritu? Reflexione sobre la Génesis 38 y escriba sus ideas.

2. ¿Necesita usted un gran avance? ¿Cree usted que Dios puede y va a liberarlo del desafío en el que se encuentra ahora mismo? ¿Qué hará usted para mantener su fe fuerte?

3. ¿Quién ha sido su "Judá"? ¿Qué le hicieron ellos? ¿De qué modo, si alguno, aun le duele y todavía le afecta hoy?

4. Dios no desperdicia el dolor. Tamar fue recompensada noblemente por el daño que ella soportó en la manos de Judá. ¿Puede ver cómo las heridas de su vida han sido o serán para el plan mayor de Dios? Si no, ore y pídale a Dios que le abra los ojos de su corazón de modo que usted pueda ver algo de lo que Él tiene guardado para usted

DÍA 24

# La Oración Contestada

*Ve en paz, y el Dios de Israel
te otorgue la petición que le has hecho
—le dijo Elí.*
(1 Samuel 1:17)

Durante el transcurso de este ayuno, ha solicitado a Dios con peticiones específicas, no sólo orando por su propia liberación, pero también intercediendo y buscando a Dios por su familia y amigos. Hoy, Dios me ha enviado para decirle que Él le oye. Sus oraciones no han sido ignoradas, ni su rendición inadvertida, y que muchas personas serán bendecidas debido a su sacrificio.

Esta mañana ore por la salvación de mi hermano y por un matrimonio en particular, Dios se me condujo a 1 Samuel 1:17. Dice, " Ve en paz, y el Dios de Israel te otorgue la petición que le has hecho—le dijo Elí.

Esta es una de mis frases favoritas en la Biblia ya que esto me ayudó durante una estación desafiante en mi vida. Mi primer embarazo acabó en pérdida del bebe y fue devastador. Después de aquel acontecimiento fui bombardeada con pensamientos negativos: ¿Estaba yo muy vieja? ¿Podre yo concebir y llevar al bebe al tiempo completo? ¿Sería este un castigo por un pecado en mi pasado?

En búsqueda de paz me volví a la palabra de Dios y Él me dirigió al libro 1 Samuel. Los primeros capítulos cuentan la historia de Ana, una mujer estéril que desesperadamente deseó un hijo. Entonces con un corazón puro ella pedía a gritos la ayuda de Dios y Él se lo concedió. A modo de confirmación, el sacerdote Elí le habló la escritura que usted leyó (1 Samuel 1:17). Aquellas palabras fueron una enorme fuente de consuelo para Ana y deberían ser para nosotros hoy.

La Palabra también nos dice, " porque los ojos del Señor están sobre los justos, y sus oídos atentos a sus oraciones;" (1 Pedro 3:12). ¡Alabanzas a Dios! Él oye nuestras oraciones y está listo a contestar. ¿Para qué busca usted a Dios? Pídale con fe, de acuerdo a Su voluntad, y está hecho.

¿Cómo lo sé? ¿Él no nos ha solicitado que Le dejemos hacer algo nuevo y declarado que debemos Esperar lo Inesperado? No ha proclamado que ¿Esto ha de Pasar, y que Su Logro está por Llegar? ¿Qué más puede decir Él? Como el profeta Eli instruyó a Ana " Vaya en paz. " En otras palabras, esté contento con el hoy, alabe a Dios por lo que Él ya ha hecho, y espere con expectación, sin preocuparse, por lo que ha de venir.

Por lo tanto, descanso en las promesas de Dios. Lo alabo por la salvación de mi hermano y los matrimonios que serán restaurados. Le agradezco a Él que seré todo lo que Él ha proclamado que seré en los próximos 16 días y lo mismo puede ser verdadero para usted. No se preocupe, ya está hecho, vaya en paz.

## Reflexiones Personales

1. ¿Cómo le habla el Espíritu? Reflexione sobre 1 Samuel 1:8-18 y escriba sus ideas.

2. ¿Qué pedido específico ha puesto usted ante Dios durante el transcurso de este ayuno? ¿Cree usted que Él contestará sus oraciones?

3. ¿Cómo es su vida mental? ¿Durante tiempos de estrés le permite usted al enemigo bombardearle con pensamientos negativos? ¿Encuentra usted consuelo al quejarse? ¿Si usted contestó sí a cualquiera de estas preguntas, qué podría hacer de manera diferente la próxima vez que usted esté estresado por una situación particular?

DÍA 25
# El Muerto Vivirá

*Pero Jesús, luego que oyó lo que se decía,
dijo al alto dignatario de la sinagoga:
—No temas, Cree solamente.*

(Marcos 5:36)

Puedo recordar cuando niña escuchar a un predicador decir una historia increíble de como él había sido levantado de la muerte. Sí, usted lee correctamente, levantado de la muerte.

Este predicador era digno de contemplar: alto, moreno, y desfigurado. Su deformidad, fue el resultado de un incendio, que le quemó la mayor parte de su cuerpo y le causó la muerte.

En realidad, habría sido el final de la historia, pero Dios. Por suerte para él, había muchos santos que oraban por él. Como consecuencia de sus oraciones, él se despertó en la morgue, desnudo, con una etiqueta en su dedo del pie. ¿Puede usted imaginarse la sorpresa, por no decir algo peor, del asistente de turno esa noche?

En tiempos de Jesús, un principal de la sinagoga llamado Jairo vino a Él. Jairo se postró a los pies de Jesús, y le pidió que fuera a poner Sus manos sobre su pequeña niña que estaba muriendo. Jesús estuvo de acuerdo. Sin embargo, a medida que viajaban, había muchas distracciones: la multitud, la mujer con el flujo de sangre, y sin duda otras peticiones a Jesús.

En muy poco tiempo, un sirviente informó que la hija de Jairo había muerto y que él debería "cesar de molestar y angustiar al Maestro." Para la mayoría de la gente esto habría sido el final de la historia: ella está muerta, se acabó. Pero como la canción nos recuerda, "No ha terminado, hasta que Dios diga que ha terminado; Él tiene la última palabra."

Así que la historia continúa. Jesús, habiendo escuchado la conversación entre el amo y su criado simplemente respondió, "—No temas, Cree solamente (Marcos 5:36) Con eso, Jesús siguió a la casa de Jairo, le habló a la pequeña niña, y ella vivió.

¿Cuál es su respuesta a las situaciones de "muerte"? ¿Se rinde, se entrega al temor y se revuelca en la decepción? ¿O lucha usted con poder, por todo lo que le ha sido robado? Oro que sea éste último.

¡Mi amigo, si Dios le ha hablado una cosa en el espíritu y sus circunstancias naturales no se alinean, y qué! Eso no ha terminado. No se entregue al temor y no se rinda. En cambio, ore con toda su fuerza, y alabe a Dios por lo que Él ya ha hecho. La Palabra nos dice que llamemos las cosas que no son como si fueran (ver Romanos 4:17). Este no es el momento de renunciar, sino de establecer su fe.

¿Hay algo mejor que poner su fe en Jesús? Él, también, le dio la vida a una situación muerta. Él fue crucificado, sepultado y resucitado en tres días. Aquel milagro nos da testimonio hoy que nuestras situaciones muertas también pueden vivir si sólo creemos.

Alégrese porque Dios ha prometido que él restaurará los años que la langosta se comió - y que usted, Su pueblo, nunca será avergonzado (ver Joel 2:25-26). Por lo tanto, en los siguientes 15 días, deje que Dios resucite y traiga vida a sus situaciones muertas.

## Reflexiones Personales

1. ¿Cómo le habla el Espíritu? Reflexione sobre Marcos 5:21-43 y escriba sus ideas.

2. Todos estamos en necesidad de oración. Nombre las maneras específicas que su compañero de oración puede orar por usted esta semana luego pídale a él/ella que ore con usted.

3. ¿Puede usted recordar un tiempo cuándo pensó que toda la esperanza estaba perdida, pero Dios resucitó la situación muerta en su vida? ¿Cuál fue aquella situación y cómo la cambio para usted?

4. La Palabra dice que si usted desmaya en el día de adversidad su fuerza es pequeña (ver Proverbios 24:10). ¿Cómo maneja usted la adversidad? ¿Se da por vencido fácilmente o avanza sabiendo que Dios tiene la última palabra?

5. ¿Actualmente tiene usted una situación muerta en su vida? ¿Cuál es? ¿Cree usted que Dios puede resucitarla?

## DÍA 26
# Lo Que Es Para Mí Es Para Mí

*Será como árbol plantado junto a corrientes de aguas,*
*que da su fruto en su tiempo*
*y su hoja no cae,*
*y todo lo que hace prosperará.*
(Salmo 1:3)

Yo visitaba la página del web de un colega anoche y noté que había sido invitada a hablar en un evento importante en la costa oriental. Inmediatamente fui a la página del evento a ver a quién más le habían pedido hablar. A medida que leía detenidamente el sitio, mi mente comenzó a dar vueltas; la duda amenazó con consumirme de un pensamiento de temor a otro. Mi línea de pensamiento fue algo como esto:

*¿Por qué no me pidieron que hablara? Porque ellos no me conocen. Ellos no me conocen porque no estoy conectada a la gente correcta ¿Pero cómo se une uno con la gente correcta? Quizás si yo estuviera un poco menos basada en la Biblia; Tal vez si humedeciera un poco el mensaje y lo hiciera mundialmente aceptable; Sí, mejor es que me cambie,*

*de otra manera nunca tendré una plataforma para hablar y peor aún, la vida me pasará de largo.* Son solo pensamientos, o ¿qué? Si fueran solamente pensamientos, entonces la escritura nos dirige a llevar "cautivo todo pensamiento a la obediencia a Cristo", sería innecesaria (2 Corintios 10:5b). Nuestros pensamientos tienen poder y si tomamos tiempo ellos dirigirán nuestras acciones. Por lo tanto, como los pensamientos intentaron bombardearme, hice lo que yo sabía traería alivio-me arrodillé y ore a Dios por fortaleza para desafiar mis pensamientos. En un instante Él me consoló con estas palabras:

*No puedes perder la oportunidad que tengo para ti.*

Aquellas fueron las palabras exactas que mi compañero de oración me había hablado unos meses antes y ellas me trajeron un gran consuelo al recordar que no puedo perder lo que Dios tiene para mí.

La Escritura nos dice que el Señor ordena los pasos de un hombre justo (ver el Salmo 37:23). Porque yo soy justa (en buena relación con Dios), habitualmente meditando en Su palabra, deleitándome a mí mismo en él, no puedo perder! Como dice la canción, "Lo que Dios tiene para mí es para mí." De la misma manera, si usted está en la voluntad de Dios, usted no puede perder tampoco. Si Él lo dice, es así; Su palabra no volverá vacía y alcanzará los objetivos por los cuales fue enviada (ver Isaías 55:11).

Por lo tanto, cuando este en desesperación, aferrase a estas escrituras como su verdad: "Deléitese también en el SEÑOR, y Él le dará los deseos de su corazón" (Salmo 37:4); y "Acontecerá que si oyes atentamente la voz de Jehová, tu Dios, para guardar y poner por obra todos sus mandamientos que yo te prescribo hoy, también Jehová, tu Dios, te exaltará sobre todas las naciones de la tierra. Y vendrán sobre ti y te alcanzarán todas estas bendiciones, si escuchas la voz de Jehová, tu Dios. (Deuteronomio 28:1-2). Como mi Tía Gwen decía, "Aquellas son palabras para vivir por ellas."

No mida su vida por las normas del mundo; no deje que su horario le convenza que usted hace algo malo. El tiempo de Dios es perfecto y si usted anda en Su voluntad, Él traerá el fruto de su trabajo en su tiempo. No sé usted, pero yo no quiero lo que Dios no ha ordenado. Si bien puede parecer bueno para el mundo su final es la destrucción.

Por lo tanto, alabo a Dios por recordarme a mí y a usted que cuando andamos de acuerdo a Su plan no podemos perder. No podemos perder la conexión con la gente correcta, encontrar el trabajo perfecto, ser nombrado sobre un ministerio, ser elegido para un cargo político, encontrar la pareja adecuada, llegar a ser propietario de una casa, o tener hijos. De hecho, lo que Él tiene para mí es para mí y lo que él tiene para usted es para usted. ¡Anímese!

## Reflexiones Personales

1. ¿Cómo le habla el Espíritu? Reflexione sobre 2 Corintios 10:1-6 y escriba sus ideas.

2. La mente es el campo de batalla del enemigo. ¿Con que frecuencia le permite usted al enemigo gobernar sus pensamientos? ¿Qué hará usted para ganar mejor control de lo que usted piensa?

3. ¿Qué tan seguro está usted que lo que Dios tiene para usted es para usted? ¿Hay veces que usted se compara a otros y se desalienta? ¿Cómo le ha mostrado Dios que Su plan para usted va a suceder?

4. Haga una lista de las promesas que Dios le ha hecho. Agradézcale por estas promesas y pídale paz mientras usted pacientemente espera la manifestación de Sus promesas.

DÍA 27
## Tiempo personal con Dios

Sagrada Escritura

¿Cómo es que el Espíritu os habla?

## DÍA 28
# Tiempo personal con Dios

Sagrada Escritura

¿Cómo es que el Espíritu os habla?

DÍA 29

# El Dios De Lo Imposible

*Mirándolos Jesús, les dijo:*
*—Para los hombres esto es imposible, pero para Dios todo es posible.*
(Mateo 19:26)

Tengo el informe final de alabanza hoy! Mi hermano, a quién yo había declarado que aceptaría a Cristo como su salvador personal antes de la conclusión de este ayuno, lo hizo. Ayer, ante cientos de testigos en la Celebración Pastoral de los 10 años de aniversario de mi padre en Lockport, Nueva York, él recibió el regalo de la salvación eterna.

Eso no es poca cosa; Dios hizo el milagro. Mi hermano Stephen, de 27 años y el más joven de nosotros ocho, era difícil; él no aparentaba tener ningún interés en la salvación. El resto de nosotros había recibido la salvación hacía muchos años, pero no Stephen. Él estaba contento, o eso creía, de vivir una vida en pecado. Pero Dios siempre tiene la última palabra y Él honra las oraciones de Su pueblo.

Más tarde me dijeron que durante el servicio de

aniversario, mi madre se puso de pie con valentía y anunció que todos sus hijos estaban salvos. Stephen sentado en la audiencia, tal vez pensó, te olvidaste de mí, pero a ella no se le olvidó. En ese momento ella estaba simplemente estableciendo su fe y Dios hizo lo que parecía imposible en cuestión de minutos.

¿Cuántas veces Dios le ha dicho que iba a moverse en su favor o a favor de su familia y en vez de proclamar Su declaración en voz alta, usted se sienta sobre esto hasta que el enemigo le haya convencido de lo contrario? Ciertamente, la Escritura nos dice que tener fe en nosotros mismos no es para todos los casos. A veces Dios quiere que usted actúe con valentía y declare Sus promesas en voz alta de modo que otros sean testigos de la mano poderosa de Dios en su situación y que ellos también crean.

En esta temporada, Dios nos está llamando a un nivel de fe radical que excede nuestros tratos anteriores con Él. Él quiere que nosotros sepamos que si Él pudo separar el Mar Rojo, alimentar 5,000 con dos peces y cinco panes, y levantar a Jesús de los muertos que Él puede y se moverá en nuestras situaciones.

¿No le creerá usted a Él hoy? Él declara, "Entonces el Señor dijo:—Si tuvierais fe como un grano de mostaza, podríais decir a este sicómoro: "Desarráigate y plántate en el mar", y os obedecería. " (Lucas 17:6). Otra escritura dice,

"Todo lo que pidáis al Padre en mi nombre, lo haré, para que el Padre sea glorificado en el Hijo. Si algo pedís en mi nombre, yo lo haré". (Juan 14:13-14).

Bueno, le digo que estoy inspirada, mi fe ha sido reforzada y estoy lista para hacer más declaraciones s de acuerdo a la voluntad de Dios y en nombre de nuestro Señor y Salvador. Aquí están dos proclamaciones más valientes y audaces:

1. El matrimonio de mi hermano será restaurado en la conclusión de este ayuno. Si usted conociera la historia, esto sonaría como algo imposible pero Dios se especializa en las cosas que son difíciles para los hombres. Yo declaro hoy que lo que está hecho en el espíritu, se manifestara ante nosotros en lo natural en el nombre de Jesús.

2. Seré libre de deudas al final de este calendario anual (esto incluye mi hipoteca). No sé cómo pero el domingo pasado me acosté a tomar una siesta en la tarde, y susurré la misma oración que he susurrado durante los dos últimos años, "Señor te agradezco que estamos libre de deudas." Y esta vez Él añadió "este año." Entonces en el nombre de Jesús, declaro que estamos libres de deudas en el 2010.

*Celeste Owens*

Le animo a orar, escuchar a Dios, y con valentía santa declarar lo humanamente imposible. Algunos de ustedes necesitan dinero para la matrícula de la universidad, que un esposo descarriado vuelva a casa, que su hijo deje las drogas, un esposo, una promoción, una nueva casa, un coche, y/o la paz de Dios; sea lo que sea, pida y CREA. Mejor aún, ¿por qué no DECLARAR lo que Dios hará compartiéndolo con su compañero de responsabilidad? ¡Siga adelante, usted puede hacerlo! Actué en fe y verá como Él irá más allá de lo que usted pida o se pueda imaginar. Si Él lo hizo por nosotros al salvar a nuestro hermano, El también lo hará por usted. ¡Deja que todo se haga en el nombre de Jesús!

## Reflexiones Personales

1. ¿Cómo le habla el Espíritu? Reflexione sobre Mateo 19:23-30 y escriba sus ideas.

2. ¿Qué es fe? ¿Cómo ha probado Dios su fe recientemente? ¿Cuál fue la situación? La prueba lo acerco más a Dios o causo que se alejara. ¿Qué tiene usted que hacer para aumentar la fe en Dios?

3. ¿Qué declaraciones valientes y audaces hará usted hoy? ¿Qué cosa imposible cree usted que Dios hará por usted?

4. A veces en nuestro celo exageramos la voluntad de Dios. ¿Cómo se sentirá usted si al final del ayuno las cosas no cambian del modo que usted lo imaginó? ¿Todavía confiará usted en Dios para hacer lo imposible?

## DÍA 30
# Se Necesita Poco Tiempo

*Porque mis pensamientos no son
vuestros pensamientos
ni vuestros caminos mis caminos»,
dice Jehová.*
(Isaías 55:8)

Hoy fue un día poco usual. Parecía ser que no podía organizar mis pensamientos. Comenzaba un blog sólo para borrarlo y comenzar de nuevo. Con cada minuto crecía mi ansiedad. Temí que yo no tendría tiempo para escribir algo significativo. Fue en aquel momento que el Espíritu Santo susurró estas palabras profundas, "Dios no necesita mucho tiempo." Tómese un momento y deje que eso penetre en su ser.

Dios no necesita mucho tiempo.

Ayer Dios nos pidió que declaráramos en fe, y de acuerdo a Su voluntad, lo que Él hará por nosotros; como Él nos bendecirá como una recompensa por nuestro sacrificio. Algunos de ustedes se negaron rotundamente. Usted no estaba dispuesto a arriesgarse"

Aunque Dios haya declarado nuevas cosas para usted espere lo inesperado, algunos de ustedes siguen creyendo que estas promesas son para todos los demás y no para usted. De hecho, para algunos ustedes esta ha sido la historia de su vida: excluido, olvidado y rechazado, pero no esta vez. ¿Él lo puede hacer por usted? ¡Sí Él puede! Y Él lo hará en tan solo 11 días más, si usted camina en fe.

Cuando comencé a escribir este blog, quise que las notas siguieran un modelo conciso. Si yo lo hubiera hecho a mi manera, cada semana habría cubierto un tema específico (por ejemplo, la primera Semana – Temor; segunda Semana - Autoestima, etc.). Pero gracias a Dios Él tenía otro plan. A medida que nos acercamos al final, comprendo que Él ha utilizado este tiempo para simplemente aumentar nuestra fe en Él.

La Escritura dice en Jeremías 17:5b, "¡Maldito aquel que confía en el hombre, que pone su confianza en la fuerza humana ,mientras su corazón se aparta de Jehová" Hemos aprendido y seguimos aprendiendo, que nuestra confianza es en Dios, en Él solamente; no en otras personas ni en nuestras propias habilidades. Esto último es débil y conduce a nuestra destrucción, pero cuando confiamos en Dios, confiamos en la fuente de toda bondad y nuestro éxito es garantizado. Él hará tal como Él dijo, en el tiempo que Él decida.

*Ayuno de 40 Días De Rendición*

Entonces empecemos de nuevo. ¿Qué ha declarado Dios que hará por usted en la conclusión de este ayuno? Entonces está hecho. Con frecuencia es para la edificación de su fe que Él le permite esperar hasta el tiempo señalado. Por lo tanto, no mire sus circunstancias, solamente mantenga sus ojos en Dios. No me importa si usted está en la hora 11a, si Él dijo que Él lo hará, se hará. Recuerde, Él no que necesita mucho tiempo, simplemente crea y reciba su herencia.

**Reflexiones Personales**

1. ¿Cómo le habla el Espíritu? Reflexione sobre Jeremía 17:5-8 y escriba sus ideas.

2. Ayer le pedimos que escribiera lo que usted cree que Dios hará por usted antes que este ayuno finalice. ¿Hizo usted esto? ¿Si no, qué le paró de hacer una declaración?

3. Un viejo refrán dice, "Él tal vez no llegue cuando usted quiera, pero Él siempre llega a tiempo." ¿Cree usted que esto es cierto? ¿Puede usted recordar un tiempo cuándo pensó que toda la esperanza se había terminado? ¿Las cosas finalmente trabajan para usted? ¿Qué lecciones aprendió de aquella circunstancia en particular?

DÍA 31

# Gracia y Gloria

*Porque por gracia sois salvos por medio de la fe;*
*y esto no de vosotros, pues es don de Dios.*
*No por obras, para que nadie se gloríe.*
(Efesios 2:8-9)

Estamos en el último cuarto de esta carrera. ¡Oro que usted permanezca enfocado de modo que sea capaz de ganar y recibir todo lo que Dios tiene para usted!

Anoche en el Estudio Bíblico el equipo de alabanza cantó una canción que sigue impregnada en mi espíritu. Así dice, "Toda la gloria te pertenece, Toda la gloria te pertenece, Oh Dios" está en mis labios aún esta mañana. Porque de veras, toda la gloria le pertenece a Dios por lo que Él ha hecho y hará.

Estoy específicamente alabando a Dios esta mañana por Su gracia. La gracia es el favor inmerecido de Dios y el poder de hacer lo que no podemos hacer con nuestra propia fuerza. Cuando aceptamos a Cristo como nuestro salvador personal, fue la gracia de Dios que lo hizo posible. El escritor Pablo escribió:

"Pero Dios, que es rico en misericordia, por su gran amor con que nos amó, aun estando nosotros muertos en pecados, nos dio vida juntamente con Cristo (por gracia sois salvos)." (Efesios 2:4-5).

Sin la gracia de Dios nosotros todavía estaríamos muertos en nuestros pecados, revolcándonos en un mar de derrota y desesperación.

Así que ¿por qué entonces como creyentes vivimos en un estado prácticamente sin gracia?; ¿no permitiéndole a Él trabajar a nuestra favor? De hecho, si lo necesitamos (para recibir el regalo de salvación), lo necesitamos ahora. Es sólo por Su gracia que lograremos que Su voluntad se cumpla en nuestras vidas y tengamos éxito.

Le dije en una nota anterior que yo me sentía incómoda escribiendo. Entonces cuando Dios me llamó a escribir, yo sabía que necesitaba Su gracia y poder para hacer lo que estaba fuera de mi habilidad y nivel de comodidad. Por lo tanto, cada mañana me rindo a Su plan, escucho lo que Él tiene que decir, y escribo como Él instruye. ¡Y mire lo qué Él ha hecho! Muchos de usted (incluyendo lectores de 10 países diferentes) han sido bendecidos por la gracia de Dios obrando en mi vida.

Tengo la sensación de que algunos de ustedes están trabaja demasiado fuerte por el sueño de Dios. Él le ha prometido "X" y antes de que Él pueda trabajar a su favor, usted hace esfuerzos vanos para que así sea. Dios no necesita su ayuda; no es por sus obras que Su voluntad pasara, pero por Su gracia. Oí al Pastor Paul Sheppard decir, " Cuando luchamos, Dios no lo hace. "Esto no implica que debemos vivir pasivamente, esto es simplemente un recordatorio que Dios está en control y debemos movernos sólo como Él nos conduce.

Por lo tanto, si Dios ha prometido salvar a su hijo, deje de sermonearlo. Si Dios ha prometido traer a su esposo al compañerismo correcto con Él, deje de criticarlo. Si Dios ha prometido darle un nuevo coche; no se conforme con uno usado. ¡Permanezca en Su palabra, quítese del camino, y déjelo trabajar!

En efecto Dios hará un gran trabajo al final de este ayuno y Su gracia permitirá que cada una de sus promesas se hagan realidad. Si carece de fe, lea de nuevo la escritura titulada, Reconstruye y Renueva. Eso le recordara que Dios está buscando bendecirle abundantemente a usted y su familia como resultado de su sacrificio. Todo lo que Él necesita que usted haga es creer y dejar fluir Su gracia.

Ánimo. Hable en voz alta lo que Dios le ha prometido que hará. Si usted no sabe lo que es, pregunte. La escritura dice,

"Si alguno de vosotros tiene falta de sabiduría, pídala a Dios, el cual da a todos abundantemente y sin reproche, y le será dada" (Santiago 1:5). Y cuando Él le dé Su plan, créalo. Absténgase de planificar como usted lo hará; simplemente deje que Su gracia y Su poder dirijan cada paso. A Dios sea la gloria. Yo no puedo esperar oír los testimonios de cómo Su gracia le dio el poder de hacer lo que usted era incapaz de hacer en su propia fuerza; como su rendición ha hecho lo imposible, posible. Ahora cante conmigo, "Toda la gloria te pertenece, Toda la gloria te pertenece, Oh Dios".

*Ayuno de 40 Días De Rendición*

**Reflexiones Personales**

1. ¿Cómo le habla el Espíritu? Reflexione sobre Efesios 2:1-10 y escriba sus ideas.

2. Como la canción indica, " Toda la gloria le pertenece a Dios. ¿"Qué significa esto para usted? Tome un momento para anotar alguna cosa que Dios ha hecho por usted en la última semana; el mes pasado; y el año pasado.

3. ¿Es usted uno que permite que la gracia de Dios funcione en su vida o trata usted de hacer la mayor parte de las cosas en su propia fuerza?

4. ¿Ha estado o está en el camino de Dios? Identifique cómo.

5. ¿En qué situaciones difíciles tiene que dejar más espacio para que la gracia de Dios opere? ¿Qué hará usted para que Dios tenga el control completo?

DÍA 32

# Actué Como Que Usted Está A Punto De Moverse

*Pasad por en medio del campamento
y mandad al pueblo, diciendo:
Preparaos comida, porque dentro de tres días
pasaréis el Jordán para entrar a poseer
la tierra que Jehová
vuestro Dios os da en posesión.*
(Josué 1:11)

Hubo un mensaje predicado por el Pastor John la K. Jenkins, de First Baptist Church of Glenarden que dejó una impresión duradera en mí. Irónicamente no puedo recordar el tema del mensaje o aún el título de sermón pero un punto clave sobresalió para mí. Él dijo que la fe esta activa y cuando Dios ha hablado una palabra en su vida, actué como que ya está hecho.

Hablaba con una hermana que compartió conmigo que Dios le ha prometido una casa nueva en una dirección específica. Rápidamente le contesté, "comienza a actuar como

que estas a punto de moverte.
Mis instrucciones para ella incluyeron:

1. **Elimine la basura.** Tire aquellas cosas que no son convenientes para su nueva morada.
2. **Explore la tierra.** Vaya a la nueva dirección y ore por su nueva casa y vecindario.
3. **Prepárese para el traslado.** Llame a las compañías de mudanzas, compare tarifas, y decida qué compañía usará.

En otras palabras, ACTUE COMO QUE USTED ESTÁ A PUNTO DE MOVERSE. Si Dios le ha prometido un nuevo coche, comience a visitar concesionarios para aprender todo que deba saber del proceso de compra de coche. Si Dios le ha prometido enviarle a la escuela, comience a explorar las universidades locales; aprenda cuál tiene su especialidad, y quien le financiará. Si Dios le ha prometido un ascenso, aprende todo lo que usted tiene que saber de su próxima posición. Si Dios le ha prometido un esposo, salga de la casa y muévase en círculos amistosos para que él la pueda encontrar.

Hay un período de tiempo tarde al final del embarazo de una mujer donde ella activamente se prepara para la llegada de su bebé. No importa el tiempo o lo difícil del embarazo, cada madre en espera llega a esa etapa. Eso se llama Anidamiento. Es en esta etapa que ella encuentra con energía renovada y fuerza para la preparación de su inminente bendición. ¡De hecho, se ha relatado que los cuartos de niños han sido completados en un día por la mujer embarazada sola! En ese caso ella está actuando como que está a punto de pasar.

Últimamente, he estado escuchando las palabras, comienza actuar como que es un negocio. Aunque todo alrededor de mí no parezca un negocio (por ejemplo, todavía estoy escribiendo en la sala de estar), estoy prestando atención a estas palabras. En consecuencia me he puesto en contacto con un diseñador de páginas de web, investigado agentes de conferenciantes y he desarrollado un plan para la contratación de personal. ¡Escucha!, esto tal vez no parezca ahora mismo pero estoy dando a luz a un ministerio internacional de enorme proporción.

¿Qué sueño(s) está usted por dar a luz? No importa cuánto tiempo usted ha esperado o lo difícil de la jornada, el día de la mudanza esta aquí y por fe está hecho.

¿Ha oído usted el término, "Fíngelo' hasta que lo haga?" Bueno eso es lo que hacemos. Puede que no parezca que en este momento, pero nuestro cambio está aquí: somos propietarios de negocios, esposos, esposas, padres de niños exitosos, filántropos, artistas ganadores de premios, maestros, abogados, cocineros y pastores. Nuestros matrimonios prosperan, nuestras familiares son salvos, y estamos todos bien de la mente, el cuerpo, y el espíritu. Y esto es todo posible porque hemos rendido nuestra voluntad colectiva a Dios. Ahora Él está listo a actuar a nuestro favor.

Por lo tanto, de un paso de fe; prepare sus provisiones, y ACTUE COMO QUE USTED ESTÁ A PUNTO DE MOVERSE.

## Reflexiones Personales

1. ¿Cómo le habla el Espíritu? Reflexione sobre Josué 1:10-18 y escriba sus ideas.

2. ¿Qué significa para usted la frase ACTUE COMO QUE USTED ESTA A PUNTO DE MOVERSE?

3. Se dice que la preparación más la oportunidad equivale al éxito. Piense en un sueño que Dios haya puesto en su corazón. ¿De qué manera usted se está preparando para la manifestación de ese sueño?

4. ¿Qué señales Dios le ha mostrado para dejarle saber que Él está listo para trabajar a su favor?

DÍA 33

## La Promesa

*Y cualquiera que haya dejado casas,*
*o hermanos, o hermanas, o padre, o madre,*
*o mujer, o hijos, o tierras, por mi nombre,*
*recibirá cien veces más, y heredará la vida eterna.*
(Mateo 19:29)

Éxodos 20:2-3 dice, "*Yo soy Jehová, tu Dios, que te saqué de la tierra de Egipto, de casa de servidumbre. No tendrás dioses ajenos delante de mí.*"

Aquellas palabras, primero habladas a los hijos de Israel después de su éxodo de Egipto, son todavía relevantes hoy. No debemos poner nada delante de Dios porque Él puede y suplirá todas nuestras necesidades. No hay nada que pueda sustituir el amor, el gozo, y la paz que trae el seguirlo a Él. No olvidemos esta verdad. Él nos prueba.

A lo largo de la historia, Dios ha probado la lealtad de Su pueblo. Abraham recibió la orden de sacrificar a su hijo Isaac — el producto de su vejez y clave para el cumplimiento de las promesas de Dios hacia él. Ruth decidió quedarse con

Noemí su suegra viuda, en vez de perseguir una aparente vida mejor entre su pueblo. La reina Ester, que tenía a su disposición todos los lujos que la vida puede ofrecer, arriesgó su vida para salvar al pueblo de Dios de la destrucción. Debido a su obediencia, sus sacrificios fueron recompensados generosamente; Dios manifestó Su gloria y los bendijo más allá de lo que ellos habrían ganado si hubiesen actuado egoístamente. En otras palabras, por sus sacrificios cosecharon una cosecha de un ciento por uno.

De la misma manera, somos de este número; somos también bendecidos. Hace aproximadamente 33 días, en un acto radical de obediencia respondimos al desafío de Dios y rendimos lo que era querido para nosotros; lo que pensamos sostuvo nuestra misma existencia. En conjunto hemos sacrificado nuestros ídolos, comidas, tiempo libre, cobardía, timidez, falta de perdón, y el control — a Dios, y lo hemos perseguido con todas nuestras fuerzas.

Dios ha dicho en el transcurso de este ayuno que nuestros sacrificios no han sido inadvertidos. Él ahora promete que Él nos dará una bendición de cien veces más; una bendición, de hecho, mucho más abundante de lo que pedimos o entendemos. (ver Efesios 3:20)

Ha sido un placer estar en este viaje con usted. A lo que nos embarcamos en nuestra última semana, no nos olvidemos de reflexionar sobre hasta qué punto Dios nos ha traído. No sé usted, pero yo soy una persona diferente. Los ídolos de la timidez y la cobardía han sido substituidos con valentía y la audacia, pero no ha terminado todavía. Espero con interés lo qué Dios hará por nosotros la próxima semana.

Por último, Dios nos ha dado una palabra poderosa esta semana. Para resumir, aquí está Su promesa: "Yo soy El Dios de lo imposible; los milagros son mi especialidad y no necesito mucho tiempo para realizarlos. Si usted permitiera que mi gracia llene de poder cada acción, Yo me llevaría la gloria, y usted recibiría todo lo que le he prometido, incluso un ciento por uno." Amén.

## Reflexiones Personales

1. ¿Cómo le habla el Espíritu? Reflexione sobre Mateo 19:23-30 y escriba sus ideas.

2. ¿Qué sacrificios ha hecho usted en el pasado? ¿De qué manera(s) le recompensó Dios por su sacrificio(s)?

3. ¿Hay gente o situaciones que usted pone delante de Dios? ¿Si es sí, quienes son ellos y qué hará usted para hacer esto correcto?

4. ¿Cómo se siente usted de que hay una última semana? ¿Le ha ayudado este proceso a sentirse más cerca de Dios? ¿Ha notado usted cambios en usted mismo y en otros? Escriba esos cambios aquí.

DÍA 34

## Tiempo personal con Dios

Sagrada Escritura

¿Cómo es que el Espíritu os habla?

DÍA 35
# Tiempo personal con Dios

Sagrada Escritura

¿Cómo es que el Espíritu os habla?

## DÍA 36
## No Más Apoyos

*Porque el Señor, Jehová de los ejércitos,*
*quita de Jerusalén y de Judá*
*al sustentador y al fuerte,*
*toda provisión de pan y toda provisión de agua.*
(Isaías 3:1)

Mi Aaliyah, pronto tendrá cuatro años, hay veces cuando ella quiere ser un bebé otra vez, especialmente cuando ella se siente asustada. En un vano intento de retroceso, ella pide los artículos que representan su infancia, como un vasito de sorber o un cochecito. ¡Cuándo esto ocurre, AJ, su hermano de seis años, el sabe-lo-todo, grita en frustración, "Tú ya no eres una bebé!" En aquellos momentos la verdad de su declaración es inquietante para ella. Puedo ver la agitación en su cara a medida que ella intenta abrazar su nueva realidad: Soy una niña grande ahora.

Esta verdad, soy una niña/niño grande ahora, también puede ser inquietante para el creyente. Como niños en Cristo,

Él nos da todo tipos de artículos de bebé "o apoyos" que nos permiten tener éxito. Estos apoyos pueden incluir clases de nuevos miembros, una amplia orientación de mentores piadosos, y la afiliación a algún ministerio para principiantes, pero llega un tiempo en el que tenemos que crecer. Es en ese tiempo que Él quita el apoyo, y requiere que nos valgamos por nosotros mismos. Esta temporada puede ser temerosa, pero el Espíritu Santo, nuestro consolador, está allí para guiarnos y gentilmente recordarnos que ya no somos niños en Cristo.

A través de este proceso de eliminación de apoyo, he pasado de bebé en la fe a un floreciente potencia. Al comienzo de este año, Dios requirió que yo abandonara la mayor parte de cada actividad que me trajo un sentido de plenitud. Él me aisló y comenzó el proceso de conocerlo por mí misma. La primera cosa que Él me reveló fue una verdad sorprendente: había crecido demasiado dependiente de la fe de los demás. Me había acostumbrado a depender de que otros me dijeran lo que Dios decía, pero ahora debía ser mi responsabilidad.

Por ejemplo, mis padres, pilares de la fe, habían sido uno de mis apoyos. Siempre que una crisis surgía yo corría directamente a ellos. Cuando fui diagnosticada con cáncer, mi madre profetizó "esto no es de muerte" alimentando mi fe. Cuando mi amiga sufrió un derrame cerebral, las palabras de mi Papá fueron, "ella sanará completamente" alimentado nuestra fe. Pero ahora Dios está diciendo No Más. El me ha quitado el apoyo y ahora tengo que escuchar a Dios por mí misma y hablar como Él instruye. Tengo que admitir que es un poco atemorizante pero necesario para mi crecimiento.

Increíblemente, desperté esta mañana tarareando la canción "Jesús es Real," por el Pastor John P. Kee. La letra, "Jesús es real, yo sé que el Señor es real para mí," la repetía una y otra vez en mi cabeza. Eso es ahora mi verdad. Mi compañera de oración había profetizado algunos meses atrás que ésta era la temporada para nosotros de "ver a Dios." No entendí entonces, pero ahora sí. Dios ha quitado todo apoyo para que yo pueda verlo y conocerlo por mí misma.

Quizás usted este experimentando una experiencia similar y Dios le ha quitado todos sus apoyos. Si es así, usted no podrá más depender de sus padres, pastor, el evangelista de la TV, líderes de ministerio y mentores por una palabra. Él requiere que conozca Su voz por usted mismo.

Pablo escribió, " Cuando yo era niño, hablaba como niño, pensaba como niño, juzgaba como niño; pero cuando ya fui hombre, dejé lo que era de niño. " (I Corintios 13:11).

Depender exclusivamente de otras personas para oír una palabra de Dios es infantil. Es tiempo que escuchemos, creemos, y hablemos la verdad de Dios como Él nos lo ha hablado. No tenemos que tener temor; no tenemos que retroceder a nuestra infancia en Cristo. Los apoyos han sido quitados y en su lugar esta la fe sobrenatural que pondrá este mundo al revés.

## Reflexiones Personales

1. ¿Cómo le habla el Espíritu? Reflexione sobre Isaías 3:1 y I Corintios 13:11 y escriba sus ideas.

2. ¿Cuáles son los apoyos que están en su vida?

3. Una ventaja de liberarse de sus apoyos es la capacidad de oír a Dios por usted mismo y tener una relación más cercana, más íntima con Él. ¿Dios le está diciendo que es hora de permitirle a É removerlos apoyos? ¿Está usted dispuesto a dejarlos? ¿Por qué o por qué no?

4. ¿Cómo cree que será su vida sin los apoyos?

## DÍA 37
# Rechace el Rechazo

*El que a vosotros oye, a mí me oye;*
*y el que a vosotros desecha, a mí me desecha;*
*y el que me desecha a mí, desecha al que me envió.*
(Lucas 10:16)

Durante Su ministerio público, Jesús escogió y designó a setenta hombres para ir de dos en dos por cada ciudad y lugar, a donde Él mismo eventualmente entraría, a llevar las buenas noticias del evangelio (ver Lucas 10:1). Él los instó a ser productivos y funcionar según la autoridad dada a ellos.

Los setenta hicieron lo indicado. Con pasión ellos predicaron "que el reino de Dios está cerca," con autoridad ellos expulsaron demonios, y sin provocación ellos hablaron bendiciones sobre los que los recibían y dieron advertencias a los que no lo hicieron. Incluso frente al rechazo rotundo ellos no temían o cambiaban el mensaje; ellos simplemente sacudían el polvo de sus pies y seguían adelante.

Mi padre aceptó a Cristo cuando yo tenía seis años de edad. Él y sus amigos radicales cristianos estaban en fuego por Dios, y no les importaba que el mundo lo supiera. En su fervor-y mi horror-ellos comenzaron un ministerio en la calle. ¿Mis amigos preguntaban, "no viste a tu padre predicando en la esquina?" Yo rápidamente negaba que yo conociera a tal hombre. Pero sí, era mi padre y sus amigos que predicaban en las calles.

A pesar del rechazo, lo cual era grandioso, ellos no tenían temor. Los transeúntes se cruzaban al otro lado, torcían sus ojos, tapaban sus oídos y verbalmente luchaban en contra del mensaje, sin embargo, ellos no fueron disuadidos. Ellos entendieron, como nosotros deberíamos hoy, que el rechazo no era contra ellos, sino contra Cristo. Por eso ellos aprendieron a rechazar el rechazo.

Rechazar el rechazo no es innato. Todo en nosotros grita que nosotros deberíamos a todo costo evitar el rechazo, pero hoy estamos siendo instruidos a rechazar el rechazo.

Tal vez usted no tenga un ministerio en la calle como mi Papá o se encuentra yendo de un lado a otro como los setenta, pero si tiene la obligación de predicar las buenas noticias del evangelio a los que te rodean, con la palabra y con las obras. No se preocupe si la familia, amigos, y/o compañeros de trabajo no están emocionados con el "nuevo" usted, que ha surgido como consecuencia de este ayuno. Mi amigo, eso son sólo gajes del oficio. Cueste lo que cueste, simplemente dígales la verdad de la Palabra de Dios y si ellos lo rechazan, sacuda el polvo de sus pies y siga moviéndose. Sinceramente espero que usted comprenda que es diferente como consecuencia de este ayuno; nadie puede tener un encuentro con Dios y permanecer sin cambios. Por lo tanto, ande en los negocios de Su padre y haga lo que Él requiere. Él le usará para llamar a la existencia lo que no es, para mover montañas en fe, y para acercar a los hombres a Él. Con el tiempo usted tendrá el mismo testimonio que los setenta, quienes le informaron a Jesús, "Señor, hasta los demonios se nos sujeta en Tu nombre". Alabado sea Dios que tenemos toda la autoridad sobre el enemigo por lo que no hay nada que temer. Por lo tanto, mantenga su fe, haga como ha sido instruido, y aprenda a rechazar el rechazo.

## Reflexiones Personales

1. ¿Cómo le habla el Espíritu? Reflexione sobre Lucas 10:1-20 y escriba sus ideas.

2. ¿Cómo maneja usted el rechazo? ¿Es usted fácilmente herido por el rechazo de otros o puede usted sacudirse y seguir adelante? ¿En el primer caso, cómo las Escrituras en Lucas 10 pueden ayudarlo a lidiar mejor con el rechazo?

3. ¿Está usted sintiendo que Dios lo está llamando a hacer algo radical como el papá de la Doctora Celeste? ¿Qué es? ¿Será obediente usted al mandato de Dios?

4. ¿No es alentador recordar que los demonios están sujetos a Jesús? ¿Esta verdad le permitirá liberar el temor para que esté en mejores condiciones para seguir las órdenes de Dios sin importar el potencial del rechazo?

5. ¿En que área de su vida usted trabajara para liberar el temor?

## DÍA 38
# Humildad como la de un Niño

*Así que, cualquiera que se humille como este niño, ése es el mayor en el reino de los cielos.*

(Mateo 18:4)

Se me ocurrió esta mañana que Dios nos está dando Sus instrucciones finales. El lunes: No Más Apoyos; ayer: Rechace el rechazo, y hoy: Humildad como la de un niño. Por eso, "El que tiene oído, oiga lo que el Espíritu dice a las iglesias" (Apocalipsis 2:17).

Al principio de Mateo 18, los discípulos de Jesús vinieron a Él y preguntaron, "¿Quién es el mayor en el reino de los cielos?" Jesús, de manera típica, dio Su respuesta por medio de una demostración. Él llamó a un niño y dijo, " —De cierto os digo que si no os volvéis y os hacéis como niños, no entraréis en el reino de los cielos. (Mateo 18:3).

Como creyentes sabemos que estamos destinados al cielo, pero el reino del que Jesús habla en Mateo 18 este es el reino de Dios aquí en la tierra. A cada uno de nosotros se le ha sido concedido un reino a menudo llamado "destino" que es nuestro lugar de asignación. Nuestra llegada a este lugar es determinado por Dios, pero también depende de nuestra manera de pensar. Sin la mentalidad adecuada nunca llegaremos. Tome los hijos de Israel por ejemplo. Sus quejas y arrogancia les robaron la oportunidad de habitar la tierra que fluye leche miel.

La mentalidad de destino es una de rendición total y completa humildad. La palabra humildad se deriva de la palabra humilde que quiere decir no orgulloso o arrogante. Cuando uno es humilde vive una vida de sumisión y se considera debajo de una jerarquía. Él no compite por posición, pisa a otros para avanzar y simplemente se concentra en sus propias necesidades. No, el creyente humilde es como un niño.

Los niños son asombrosos de mirar. Tengo el placer de criar a dos maravillosos regalitos. Lamentablemente, hay veces que se comportan incorrectamente y deben ser castigados. Incluso entonces...en un minuto ellos gritan y están enfadados, pero el siguiente son humildes y se disculpan a medida que me abrazan las piernas.

Eso es lo que nuestro padre celestial requiere de nosotros: rendición total y confianza en Su plan. Él no busca al más inteligente y al más brillante, o requiere que nosotros tengamos títulos y otros logros, de seguro "los últimos serán primeros, y los primeros, últimos." Él simplemente busca a quien Él puede usar para la edificación y el crecimiento de Su reino.

Este ayuno ha sido acerca de ejercer un espíritu de humildad; de deshacernos de los obstáculos que nos impiden ser todo lo que Dios requiere. No ha sido fácil, pero bien vale la pena el esfuerzo. Irónicamente, comenzamos este ayuno hablando acerca de la humildad (véase Espera lo Inesperado) y terminamos con lo mismo. Es claro que necesitamos la humildad para ser todo lo que Dios nos ha llamado a ser.

Finalmente, le agradezco a Dios por Su proceso de eliminación. Ahora estamos mejor equipados para el trabajo del reino, porque nos hemos entrenado, por medio de la rendición, de la humildad infantil.

## Reflexiones Personales

1. ¿Cómo le habla el Espíritu? Reflexione acerca de Mateo 18:1-5 y escriba sus ideas.

2. ¿Cómo el rendir su voluntad es una demostración de humildad?

3. ¿Por qué usted piensa que la humildad es importante para Dios? ¿En qué áreas de su vida podría usted ejercer más humildad?

4. La humildad es necesaria para nosotros para estar en relaciones sanas. Romanos 12:3 dice, " Digo, pues, por la gracia que me es dada, a cada cual que está entre vosotros, que no tenga más alto concepto de sí que el que debe tener, sino que piense de sí con cordura, conforme a la medida de fe que Dios repartió a cada uno. ¿" Cómo cree que la humildad en sus relaciones las fortalecerá?

# DÍA 39
## Espera En El Señor

*Y os restituiré los años que comió la oruga,*
*el saltón, el revoltón y la langosta,*
*mi gran ejército que envié contra vosotros.*
*Comeréis hasta saciaros,*
*y alabaréis el nombre de Jehová vuestro Dios,*
*el cual hizo maravillas con vosotros;*
*y nunca jamás será mi pueblo avergonzado.*
(Joel 2:25-26)

A los 61, mi papá está en el mejor momento de Su vida. Él es esposo de Malinda, su novia de 41 años, el padre de 8 niños salvos, abuelo de 12, Pastor de 2 iglesias, Superintendente/Supervisor de otras 4 iglesias, propietario de una casa preciosa y de dos vehículos de lujo.

No siempre ha sido así; haciéndome mayor, las finanzas eran reducidas. Mi papá, el único sostén de la familia, a menudo tenía trabajo y se quedaba sin trabajo. Los diez de nosotros compartíamos una casa de tres dormitorios, con un baño. La furgoneta (van) de la iglesia era a menudo nuestro modo primario de transporte. Nosotros siempre cenábamos, pero sé que había veces cuando mis padres no estaban seguros como el Señor proveería. Usamos cupones de comida, comíamos el queso del gobierno, y usábamos ropa usada (¡bien al menos mis hermanos lo hicieron, uno de los beneficios de ser la más vieja fue que pude usar los artículos primero!).

A pesar de los desafíos que él enfrento, mi papá nunca permitió que las circunstancias lo desviaran de su posición en la casa; siempre le dio a su familia lo mejor. Durante todo ese tiempo Dios estaba mirando y almacenando sus bendiciones.

Al mismo tiempo mi padre era un ministro asociado a una congregación local. Él se mantuvo bajo aquel liderazgo por muchos años. Mientras que otros estaban ansiosos por obtener su propia iglesia, mi padre no estaba dispuesto a moverse sin la dirección de Dios. Durante todo ese tiempo Dios estaba mirando y almacenando sus bendiciones.

La salud de mi padre en sus cuarentas estuvo en mal estado. Cuando el tenía 42 años, su madre murió de un infarto masivo. En consecuencia, él tuvo su primer infarto a los 42 y unos años más tarde el otro. Una vez más, él permaneció fiel. Durante todo ese tiempo Dios estaba mirando y almacenando sus bendiciones.

No hace falta decir, la langosta había comido mucho, y las cosas no se veían bien - pero Dios; Él nunca se tarda en cumplir Sus promesas. Durante esos años Dios había hablado bendiciones maravillosas sobre la vida de mi padre - que él tendría una casa hermosa, que Él le daría un nuevo corazón (físico), y que él pastorearía a muchos. Como Su palabra no vuelve vacía, aquellas promesas tuvieron que pasar. Aunque las circunstancias de mi padre menudo parecían sombrías, él decidió creerle a Dios. Ahora su fe está siendo recompensada y él disfruta del fruto de su trabajo y del desbordamiento de Dios. Tal como fue prometido, Dios ha restaurado todos los años que la langosta había comido y mi Papá no se avergüenza.

Tal vez usted sólo puede relacionarse con la primera parte de la historia de mi padre. Tal vez usted está luchando, inseguro del plan de Dios, y se siente cansado cada día que pasa. Bueno, no se rinda. Dios esta mirando y almacenando sus bendiciones. Hoy, mi papá y mi mamá son magníficos ejemplos de lo que es esperar en el Señor. Porque Dios es fiel; Él los ha restaurado completamente y ellos están siendo bañados en Su lluvia tardía. De hecho, Él los está preparando para aún más, incluyendo el ministerio internacional. ¿Quién dice que Dios no puede compensar (lo que percibimos como) el tiempo perdido? ¡Él puede y restaurará!

Como Dios ha dicho repetidamente durante el curso de este ayuno, su rendición no ha sido inadvertida. Su voluntad de rendirse a Su plan durante estos 39 días anteriores ha hecho que él almacene bendiciones a su favor. Usted puede ver algunos de los beneficios ahora, pero esto es sólo el principio. Usted tiene una cosecha abundante que espera por usted, así que no se rinda.

Espera en el Señor y sé valiente. Disfrutará del desbordamiento y obtendrá una cosecha abundante si usted no desmaya. No importa lo que la langosta ha comido o ha robado, Dios restaurará TODO y usted no será avergonzado. Amén.

*Ayuno de 40 Días De Rendición*

**Reflexiones Personales**

1. ¿Cómo le habla el Espíritu? Reflexione sobre 1 de Reyes 8:56; Josué 21:45; y Joel 2:18-27 y escriba sus ideas.

2. Dios restaurará todo lo que la langosta se ha comido. ¿Qué área(s) de su vida necesitan reparación y restauración?

3. ¿Durante el curso de este ayuno, cómo Dios ha hecho cambios en sus circunstancias?

4. ¿Cómo usted ve la restauración continua de Dios en el transcurso de este año? ¿En cinco años? ¿En diez años?

## DÍA 40
# Dios Ha Hecho Algo Nuevo

Bienvenido al Día 40! Qué viaje ha sido este. Usted puede recordar que comenzamos este viaje con estas palabras: Deja que Dios Haga Algo Nuevo y así de manera apropiada terminando con esta frase: Dios Ha Hecho Algo Nuevo.

Dios nos dijo desde el principio que simplemente le diéramos 40 días y un corazón rendido y Él cambiaría nuestras vidas. ¡Lo alabo por lo que Él ha hecho! La canción, Maravilloso por el fallecido Obispo Walter Hawkins, está sonando en mi espíritu:

*Cantaré Tu alabanza*
*Porque has hecho cosas tan Maravillosas.*
*Por alguien tan miserable,*
*mi alma Tú has redimido*

*Nadie más podría hacerlo.*
*Nadie podría cuidarme tanto.*
*Aún Tú pensaste que mi alma valía la pena.*

*Así que entregaste a Tu único hijo.*
*Tú lo entregaste para que yo pudiera tener vida.*
*Tú lo entregaste para que yo pudiera ser libre.*
*Intercambió Tu vida por la mía.*
*Qué cosa tan Maravillosa has hecho.*

De manera apropiada estoy en silencio esta mañana. ¡Simplemente escucho a Dios diciendo, "Alabad a Jehová" (Salmos 105:1a)! Tome el tiempo esta mañana y a lo largo del fin de semana para reflexionar sobre lo que Dios ha hecho durante estos 40 días. Mi oración es que usted le haya permitido a Él hacer algo nuevo en usted. ¡Sea bendecido!

# Conclusion

A pasado casi un año desde que escribí esa (bitácora digital (blog), sin embargo cada vez que lo leo me animo una vez más. De la misma manera, continúo recibiendo correos electrónicos y llamadas telefónicas de otros ayunadores que relatan que ellos, también, están viendo los beneficios de su rendición.

Por otro lado, puede que se esté preguntando sobre el Día 29 y aquellas dos últimas declaraciones audaces y valientes. Pues las cosas no resultaron del modo que deseé. El matrimonio de mi hermano se disolvió y yo no fui libre de deudas al final del 2010. No obstante, a Dios sea la gloria.

De hecho en la medida en que este texto se desarrollaba para la publicación, contemplé seriamente suprimir aquellas dos declaraciones. Yo aún no podía leerlas sin abatirme y no quise que usted, el lector, supiese lo mal que yo lo había estropeado. ¿Pero sabe qué? La vida pasa y a veces en nuestro celo nosotros nos equivocamos. Me gustaría poder decir que no volverá a pasar, pero no puedo... yo soy humana.

Sin embargo, por otro lado podemos ser consolados por la verdad: Dios juzga el corazón (no el error) y premia en consecuencia. Creo que Él sabía que yo tenía las mejores intenciones cuando hablé aquellas declaraciones y también creo que Él sigue honrando mi fe, aunque ingenua y equivocada. Irónicamente los errores nos enseñan mucho sobre Dios y la vida. Yo aprendí de mis errores a tener cuidado con decir, "dijo Dios". Por consiguiente, con diligencia vigilo mis palabras y me refreno de llamar su nombre en vano declarando que Él dijo algo que Él no dijo. ¿Otra vez, puedo decir que siempre acertaré en ello de aquí en adelante? ¡Desde luego que no! Pero intentaré lo mejor que pueda. Recuerde...caminar más cerca a Dios, no la perfección, es el objetivo.

Por favor avíseme como el Ayuno de Rendición lo ha bendecido. Me pueden contactar en cualquiera de mis sitios web: www.DrCelesteOwens.com o www.SurrenderFast.com. ¡Todo lo mejor para usted y le deseo el buen éxito de Dios en cada área de su vida!

## Sobre La Autora

La Doctora Celeste Owens está dedicada al enriquecimiento de las vidas de otros. Su misión es motivar e inspirar a cada persona a tener éxito. Porque ella cree que cada persona fue creada para un objetivo específico y tiene el potencial para tener éxito desmesurado, ella da incansablemente de sus dones y talentos.

La Doctora Celeste no ha estado siempre tan segura de su lugar en el mundo. De niña ella pensó que ella no era importante (irrelevante) y a menudo tenía muchas ganas de ser alguien más o de estar muerta. En su juventud ella reflejó esta confusión interior y ella cometió muchos errores. Su llamado de atención llegó en la forma de un accidente de auto. Aquel accidente fue el comienzo del viaje hacia atrás a la persona que Dios había intencionado que ella sería desde el principio. Después de varios años de búsqueda espiritual, ella comenzó a creer que Dios tuvo la intención de usarla como Su vaso para cambiar el mundo. Ella entonces se entusiasmó no sólo por su vida, sino por las vidas de otros. Ahora ella está en una misión de ayudar a todos a darse cuenta de sus valores. Su deseo es ver a cada persona abrazar su vida y realizar el destino por el cual Dios lo ha creado.

La carrera como oradora de la Doctora Celeste comenzó

en el 2004 siendo miembro de la facultad en la Universidad de Maryland en Baltimore. Hoy, ella ha ganado el respeto y atención nacional por sus presentaciones que hacen reflexionar. Su acercamiento apasionado a la vida y logros como una psicóloga y escritora la han hecho una oradora popular para agencias gubernamentales, iglesias, y organizaciones comunitarias Una experta en el crecimiento personal y el trauma, ella ha aparecido en la televisión por cable, y ha figurado en la prensa local y nacional incluyendo el Washington Post. Ella es una escritora ávida cuyas columnas aparecen en varias revistas electrónicas. Su bitácora digital El Buen Movimiento de Éxito está recibiendo excelentes opiniones de lectores y espectadores.

La educación de la Doctora Celeste incluye un B.A. en Psicología de la Universidad Estatal de Nueva York en Búfalo, un M.S. Asesoramiento psicológico de la Universidad de Baltimore y un Doctorado en Asesoramiento psicológico de la Universidad de Pittsburg.

En su tiempo libre, ella está activamente involucrada en su iglesia local y varias otras organizaciones de servicio donde ella ofrece voluntariamente su tiempo y talentos. La Doctora Celeste reside en el área metropolitana de Washington donde sus trabajos más importantes son el ser esposa por más de 10 años y madre de dos hijos pequeños.

## Biografía de Manuela Green

Manuela Green ha pasado la mayor parte de su vida profesional apoyando a la comunidad como intérprete en hospitales, servicio de emergencia y escuelas. Mientras realizaba este trabajo, ella ha orado con aquellos que ha estado en contacto para atraer más vidas a Cristo.

Siendo conducida por el Espíritu Santo, en el 2003 Manuela comenzó a interpretar los servicios en su iglesia First Baptist Church of Glenarden (FBCG). Primera vez para la iglesia. Por sus esfuerzos y obediencia la iglesia ha sido capaz de alcanzar y afectar a la comunidad local. Interpretando los servicios, Manuela tuvo la visión de comenzar un ministerio hispano en la iglesia con la misión de interpretar y traducir (español/ingles). Manuela fue líder del ministerio por cuatro años. Debido al alcance del ministerio la membrecía de la comunidad hispana ha crecido.

Siendo hispana/panameña nativa Manuela tiene una pasión por las mujeres hispanas que sufren y necesitan sanidad espiritual. Por medio del ministerio, "Seguidoras de Cristo", ella trabaja con diligencia orando, apoyando y animando a las mujeres hispanas ayudándolas en distintas situaciones.

Corrientemente Manuela es miembro del Ministerio de Intercesión en FBCG. Ella se graduó de Bethel University con

*Celeste Owens*

un certificado en Liderazgo en Ministerio, ella es viuda, madre de cuatro y tiene siete nietos

www.ingramcontent.com/pod-product-compliance
Lightning Source LLC
LaVergne TN
LVHW051547070426
835507LV00021B/2459